定位经典丛书
对美国营销影响巨大的观念

品牌的起源

品牌定位体系的巅峰之作

THE ORIGIN OF BRANDS

[美] 艾·里斯 (Al Ries)
劳拉·里斯 (Laura Ries) 著

寿雯◎译

机械工业出版社
CHINA MACHINE PRESS

图书在版编目（CIP）数据

品牌的起源 /（美）里斯（Ries, A.），（美）里斯（Ries, L.）著；寿雯译 . —北京：机械工业出版社，2013.10（2025.7 重印）
（定位经典丛书）
书名原文：The Origin of Brands: How Product Evolution Creates Endless Possibilities for New Brands

ISBN 978-7-111-44364-3

Ⅰ. 品…　Ⅱ. ①里…　②里…　③寿…　Ⅲ. 品牌营销　Ⅳ. F713.50

中国版本图书馆 CIP 数据核字（2013）第 242674 号

北京市版权局著作权合同登记　图字：01-2013-4204 号。

Al Ries and Laura Ries. The Origin of Brands: How Product Evolution Creates Endless
Possibilities for New Brands.
ISBN 0-06-057015-6
Copyright © 2004 by Al Ries and Laura Ries.
Published by arrangement with Harper Collins Publishers, USA.
Simplified Chinese Translation Copyright © 2013 by China Machine Press.

　本书中文简体字版由 Al Ries and Laura Ries 通过 Ries & Chuang & Wong Branding Consulting.
授权机械工业出版社在中国大陆地区（不包括香港、澳门特别行政区及台湾地区）独家出版
发行。未经出版者书面许可，不得以任何方式抄袭、复制或节录本书中的任何部分。

机械工业出版社（北京市西城区百万庄大街 22 号　　邮政编码　100037）
责任编辑：岳晓月　　　　版式设计：刘永青
河北虎彩印刷有限公司印刷
2025 年 7 月第 1 版第 28 次印刷
170mm × 242mm·18.25 印张
标准书号：ISBN 978-7-111-44364-3
定　　价：59.00 元

客服电话：（010）88361066　68326294

目 录 THE ORIGIN OF BRANDS

孙子云：先胜而后求战。

商场如战场，而这就是战略的角色。事实上，无论承认与否，今天很多商业界的领先者都忽视战略，而重视战术。对于企业而言，这是极其危险的错误。你要在开战之前认真思考和确定战略，才能赢得战役的胜利。

关于这个课题，我们的书会有所帮助。但是首先要做好准备，接受战略思维方式上的颠覆性改变，因为真正有效的战略常常并不合逻辑。

以商战为例。很多企业经理人认为，胜负见于市场，但事实并非如此。胜负在于潜在顾客的心智，这是定位理论中最基本的概念。

你如何赢得心智？在过去的 40 多年里，这一直是我们唯一的课题。最初我们提出了定位的方法，通过一个定位概念将品牌植入心智；之后我们提出了商战，借助战争法则来思考战略；后来我们发现，除非通过聚焦，对企业和品牌的各个部分进行取舍并集中资源，否则定位往往会沦为一个传播概念。今天我们发现，开创并主导一个品类，令你的品牌成为潜在顾客心智中某一品类的代表，是赢得心智之战的关键。

但是绝大多数公司并没有这么做，以"聚焦"为例，大部分公司都不愿意聚焦，而是想要吸引每个消费者，最终它们选择延伸产品线。每个公司都想要成长，因此逻辑思维就会建议一个品牌扩张到其他品类中，但这并非定位思维。它可能不合逻辑，但我们仍然建议你的品牌保持狭窄的聚焦；如果有其他机会出现，那么推出第二个甚至第三个品牌。

几乎定位理论的每个方面和大多数公司的做法都相反，但事实上很多公司都违背了定位的原则，而恰恰是这些原则才为你在市场上创造机会。模仿竞争对手并不能让你获得胜利。你只有大胆去做不同的事才能取胜。

当然，观念的改变并非一日之功。在美国，定位理论经历了数十年的时间才被企业家广泛接受。最近几年里，我们成立了里斯伙伴中国公司，向中国企业家传播定位理论。我和女儿劳拉几乎每年都应邀到中国做定位理论新成果的演讲，我们还在中国的营销和管理类杂志上开设了长期的专栏，解答企业家们的疑问……这些努力正在发生作用，由此我相信，假以时日，中国企业一定可以创建出真正意义的全球主导品牌。

艾·里斯

定位理论

中国制造向中国品牌成功转型的关键

历史一再证明，越是革命性的思想，其价值被人们所认识越需要漫长的过程。

自 1972 年，美国最具影响力的营销杂志《广告时代》（*Advertising Age*）刊登"定位时代的到来"（The Positioning Era Cometh）系列文章，使定位理论正式进入世界营销舞台的中央，距今已 41 年。自 1981 年《定位》（*Positioning*）一书在美国正式出版，距今已经 32 年。自 1991 年《定位》首次在中国大陆出版（其时该书名叫《广告攻心战》）距今已经 22 年。然而，时至今日，中国企业对定位理论仍然知之甚少。

表面上，造成这种现状的原因与"定位理论"的出身有关，对于这样一个"舶来品"，很多人还未读几页就迫不及待地讨论所谓"洋理论"在中国市场"水土不服"的问题。其根本原因在于，定位所倡导的观念不仅与中国企业固有思维模式和观念存在巨大的冲突，也与中国企业的标杆——日韩企业的主流思维模式截然相反。由于具有地缘性的优势，以松下、索尼为代表的日韩企业经验一度被认为更适合中国企业。

从营销和战略的角度，我们把美国企业主流的经营哲学称为 A（America）模式，把日本企业主流的经营哲学称为 J（Japan）模式。总体而言，A 模式最为显著的特点就是聚焦，狭窄而深入；J 模式则宽泛而浅显。简单讨论二者的孰优孰劣也许仁者见仁，很难有实质的结果，但如果比较这两种模式典型企业的长期盈利能力，则高下立判。

通过长期跟踪日本企业和美国企业的财务状况，我们发现，典型的 J 模式企业盈利状况都极其糟糕，以下是日本六大电子企业在 1999 ～ 2009 年 10 年间的营业数据：

- 日立销售收入 84 200 亿美元，亏损 117 亿美元；
- 松下销售收入 7 340 亿美元，亏损 12 亿美元；
- 索尼销售收入 6 960 亿美元，税后净利润 80 亿美元，销售净利润率为 1.1%；
- 东芝销售收入 5 630 亿美元，税后净利润 4 亿美元；
- 富士通销售收入 4 450 亿美元，亏损 19 亿美元；
- 三洋销售收入 2 020 亿美元，亏损 36 亿美元。

中国企业普遍的榜样、日本最著名六大电子公司 10 年间的经营成果居然是亏损 108 亿美元，即使是利润率最高的索尼，也远低于银行的贷款利率（日本大企业全仰仗日本政府为刺激经济采取对大企业的高额贴息政策，资金成本极低，才得以维持）。与日本六大电子企业的亏损相对应的是，同期美国 500 强企业平均利润率高达 5.4%，优劣一目了然。由此可见，从更宏观的层面看，日本经济长期低迷的根源远非糟糕的货币政策、金融资产泡沫破灭，而是 J 模式之下实体企业普遍糟糕的盈利水平。

定位理论正由于对美国企业的深远影响，所以成为"A 模式背后的理论"。自诞生以来，定位理论经过了四个重要的发展阶段。

20世纪70年代：定位的诞生。 "定位"最为重要的贡献是在营销史上指出：营销的竞争是一场关于心智的竞争，营销竞争的终极战场不是工厂也不是市场，而是心智。心智决定市场，也决定营销的成败。

20世纪80年代：营销战。 20世纪70年代末期，随着产品的同质化和市场竞争的加剧，艾·里斯和杰克·特劳特发现，企业很难仅通过满足客户需求的方式在营销中获得成功。而里斯早年的从军经历为他们的营销思想带来了启发：从竞争的极端形式——战争中寻找营销战略规律。（实际上，近代战略理论的思想大多源于军事领域，战略一词本身就是军事用语。）1985年，《商战》（*Market Warfare*）出版，被誉为营销界的"孙子兵法"，其提出的"防御战""进攻战""侧翼战""游击战"四种战略被全球著名商学院广泛采用。

20世纪90年代：聚焦。 20世纪80年代末，来自华尔街年复一年的增长压力，迫使美国的大企业纷纷走上多元化发展的道路，期望以增加产品线和服务的方式来实现销售和利润的增长。结果，IBM、通用汽车、GE等大企业纷纷陷入亏损的泥潭。企业如何获得和保持竞争力？艾·里斯以一个简单的自然现象给出了答案：太阳的能量为激光数十万倍，但由于分散，变成了人类的皮肤也可以享受的温暖阳光，激光则通过聚焦获得力量，轻松切割坚硬的钻石和钢板。企业和品牌要获得竞争力，唯有聚焦。

21世纪：开创新品类。 2004年，艾·里斯与劳拉·里斯的著作《品牌的起源》（*The Origin of Brands*）出版。书中指出：自然界为商业界提供了现成模型。品类是商业界的物种，是隐藏在品牌背后的关键力量，消费者"以品类来思考，以品牌来表达"，分化诞生新品类，进化提升新品类的竞争力量。他进一步指出，企业唯一的目的就是开创并主导新品类，苹果公司正是开创并主导新品类取得成功的最佳典范。

经过半个世纪以来不断的发展和完善，定位理论对美国企业以及全球企业产生了深远的影响，成为美国企业的成功之源，乃至成为美国国家竞争力的重要组成部分。

过去 41 年的实践同时证明，在不同文化、体制下，以"定位理论"为基础的 A 模式企业普遍具有良好的长期盈利能力和市场竞争力。

在欧洲，20 世纪 90 年代初，诺基亚公司受"聚焦"思想影响，果断砍掉橡胶、造纸、彩电（当时诺基亚为欧洲第二大彩电品牌）等大部分业务，聚焦于手机品类，仅仅用了短短 10 年时间，就超越百年企业西门子成为欧洲第一大企业。（遗憾的是，诺基亚并未及时吸收定位理论发展的最新成果，把握分化趋势，在智能手机品类推出新品牌，如今陷入新的困境。）

在日本，三大汽车公司在全球范围内取得的成功，其关键正是在发挥日本企业在产品生产方面优势的同时学习了 A 模式的经验。以丰田为例，丰田长期聚焦于汽车领域，不断创新品类，并启用独立新品牌，先后创建了日本中级车代表丰田、日本豪华车代表雷克萨斯、年轻人的汽车品牌赛恩，最近又将混合动力汽车品牌普锐斯独立，这些基于新品类的独立品牌推动丰田成为全球最大的汽车企业。

同属电子行业的两家日本企业任天堂和索尼的例子更能说明问题。索尼具有更高的知名度和品牌影响力，但其业务分散，属于典型的 J 模式企业。任天堂则是典型的 A 模式企业：依靠聚焦于游戏机领域，开创了家庭游戏机品类。尽管任天堂的营业额只有索尼的十几分之一，但其利润率一直远超过索尼。以金融危机前夕的 2007 年为例，索尼销售收入 704 亿美元，利润率 1.7%；任天堂销售收入 43 亿美元，利润率是 22%。当年任天堂股票市值首次超过索尼，一度接近索尼市值的 2 倍，至今仍保持市值上的领先优势。

中国的情况同样如此。

中国家电企业普遍采取 J 模式发展，最后陷入行业性低迷，以海尔最具代表性。海尔以冰箱起家，在"满足顾客需求"理念的引导下，逐步进入黑电、IT、移动通信等数十个领域。根据海尔公布的营业数据估算，海尔的利润率基本在 1% 左右，难怪海尔的董事长张瑞敏感叹"海尔的利润像刀片一样薄"。与之相对应的是，家电企业中典型的 A 模式企业——格力，通过聚焦，在十几年的时间里由一家小企业发展成为中国最大的空调企业，并实现了 5% ~ 6% 的利润率，与全球 A 模式企业的平均水平一致，成为中国家电企业中最赚钱的企业。

实际上，在中国市场，各个行业中发展势头良好、盈利能力稳定的企业和品牌几乎毫无例外都属于 A 模式，如家电企业中的格力、汽车企业中的长城、烟草品牌中的中华、白酒品牌中的茅台和洋河、啤酒中的雪花等。

当前，中国经济正处于极其艰难的转型时期，成败的关键从微观来看，取决于中国企业的经营模式能否实现从产品贸易向品牌经营转变，更进一步看，就是从当前普遍的 J 模式转向 A 模式。从这个意义上讲，对于 A 模式背后的理论——定位理论的学习，是中国企业和企业家们的必修课。

令人欣慰的是，经过 20 多年来著作的传播以及早期实践企业的示范效应，越来越多的中国企业已经投入定位理论的学习和实践之中，并取得了卓越的成果，由此我们相信，假以时日，定位理论也必将成为有史以来对中国营销影响最大的观念。如此，中国经济的成功转型，乃至中华民族的复兴都将成为可能。

张　云

里斯伙伴中国公司总经理

品牌定位体系巅峰之作

确如已故管理学宗师彼得·德鲁克所言，伟大的人物无不天生具有使命感。自1950年艾·里斯先生进入通用电气（GE）开始其营销生涯起，"寻找和探索关于营销与建立品牌的基本法则"就成为他心中的使命。尽管其时炙手可热的企业和营销人大多认为营销是无规律可循的创意，但艾·里斯先生坚持认为，在营销领域同样存在类似于重力法则的规律，"无论飞机变成什么样，总要遵循重力法则"，这是他形象的比喻。

在其后的半个多世纪里，里斯先生和他的伙伴们一直为这个使命而努力探索，并且成果卓著：1972年和1980年，里斯先生作为第一作者先后发表了《定位时代的来临》系列文章和出版了《定位》[⊖]一书，首次提出"营销竞争的终极战场并非数以万计的工厂，也并非遍布大街小巷的商店，而是消费者的心智"，一举奠定了其在营销史上的大师地位，成为享誉全球的定位之父；1985年，早年参加第二次世界大战的经历，使其从军事巨著

⊖ 此书中文版已由机械工业出版社出版。

《战争论》中得到启发，出版了《商战》[⊖]，提出"企业和品牌应当依据心智地位和兵力的差异，分别采用防御、进攻、侧翼、游击四种战略模式"，此四种模式成为全球著名商学院的必修经典；1996年，针对以华尔街为首的资本市场单纯追求成长率，驱使企业纷纷陷入多元扩张的泥潭的现象，里斯先生出版了《聚焦》，从企业及品牌战略角度阐释企业和品牌如何通过聚焦重获竞争力，对通用电气、英特尔、IBM等众多美国大企业重新崛起提供了帮助。然而，里斯先生认为，先前的著作虽然已经触及营销和品牌的核心，但仍未找到"重力法则"。

直到2004年，里斯先生和自己的女儿、拍档、定位理论的卓越继承人劳拉·里斯合著的《品牌的起源》一书在美国出版，他才真正认为自己已经找到了这一法则。在经历了定位、商战、营销革命、聚焦等一系列经典思想之后，里斯的营销理论到达了巅峰，这距离他进入营销领域足足用了半个世纪。在本书中，里斯先生开门见山地指出"这是我最重要的一本著作"，他指出，营销和创建品牌的法则隐喻于生物学的奠基之作《物种起源》一书中，物种起源为品牌的建立提供了最好的模型。

这无疑是一本营销和品牌领域划时代的著作，尽管和所有革命性的思想一样，或许要经历较长的时间，其价值才能被发现。在本书出版之前，关于品牌创建的主流观点是品牌形象论，核心观点认为品牌是一种错综复杂的象征。它是品牌属性、名称、包装、价格、历史、信誉、广告方式的无形总称；伟大的品牌源自一个伟大的形象创意；产品可能被淘汰，但品牌可以永生。这些观念长期误导了包括中国企业在内的无数企业；虽然人们不断提出对品牌形象论的质疑和抨击，但始终未能提供令人信服的系统理论。

《品牌的起源》重新定义了品牌以及品牌创建的哲学和方法，使品牌

⊖ 此书中文版已由机械工业出版社出版。

创建的过程成为一门科学，成为商业的一部分，而非灵光一现的艺术或者虚无缥缈的品牌宗教。艾·里斯先生和劳拉·里斯女士指出：商业发展的动力是分化；分化诞生新品类；真正的品牌是某一品类的代表；消费者以品类来思考，以品牌来表达；品类一旦消失，品牌也将消亡；企业创建品牌的正道是把握分化趋势，创新品类，创建新品牌，发展品类，壮大品牌，以多品牌驾驭多品类，最终形成品牌大树。从某种意义上，《品牌的起源》以"营销达尔文主义"的哲学宣告了"品牌神创论"的终结，令人对品牌的创建有拨云见日豁然开朗之感。

我们必须看到的现实是，迄今为止，中国尚未诞生在全球范围内处于品类主导地位、真正意义的全球品牌。究其根源，除中国市场化时间尚短外，缺乏先进有效的观念和方法无疑是最大之瓶颈。值得欣慰的是，本书中文版自 2005 年首次出版以来，已受到越来越多的中国企业家关注，美的、创维、红云红河、长城汽车、真功夫、鲁花、HYT、北药集团、青岛啤酒等诸多企业将本书作为营销高层必读书目；曾成功投资网易、娃哈哈等企业的著名投资公司今日资本更是将本书作为推荐给投资对象的首要营销经典读物。真心期望《品牌的起源》的出版成为中国企业成功创建全球品牌的开始。

张云
里斯伙伴中国公司总经理

自艾·里斯的第一本书《定位》出版以来已经有 23 年了。

凑巧的是，也是在达尔文搭乘猎犬号英国海军舰艇完成他的考察旅行 23 年之后，他的巨著出版了。

时间磨砺了创意和概念，使其显得更加精练和纯化。尽管我们关于打造品牌的话题已经著述数十万字，但我们相信仍然没有把握这个主题的本质。我们相信一定有一条重要的定律在发挥作用，只是还未被界定、定义或解释。

我们相信这条定律非常根本，唯一能贴切类比的就包含在达尔文在生物学界的定义之作《物种起源》中。

这条定律就是"分化"。分化是世界上被知之最少却最强大的力量。

自然界中发生的事情也同样发生在产品和服务中。最终每个品类都会分化，并成为两个或更多的品类，为打造品牌提供了无穷的机会。

进化和分化的交互作用为我们理解宇宙和品牌世界提供了一个模式。

　　进化已经成为众所周知的观念，但是仅靠进化理论并不能说明地球上为什么有数百万种不同、独特的物种。如果没有分化的作用，进化本身创造的世界只会充斥着上百万体积大如恐龙的单细胞原核生物。

　　在品牌世界里也是如此。品牌通过进化变得更强大、更有主导力，然而是分化创造了新品类和新品牌得以诞生的条件。

　　把打造品牌和生物学相类比看起来可能有些牵强，但我们认为没有比这更好的类比能如此简单清晰地解释打造品牌的过程了。

　　正如赫胥黎在读了《物种起源》后所说的："没想到这个观点，真是愚蠢之至！"

THE ORIGIN OF BRANDS

定律 1

生命的大树
The Great Tree of Life

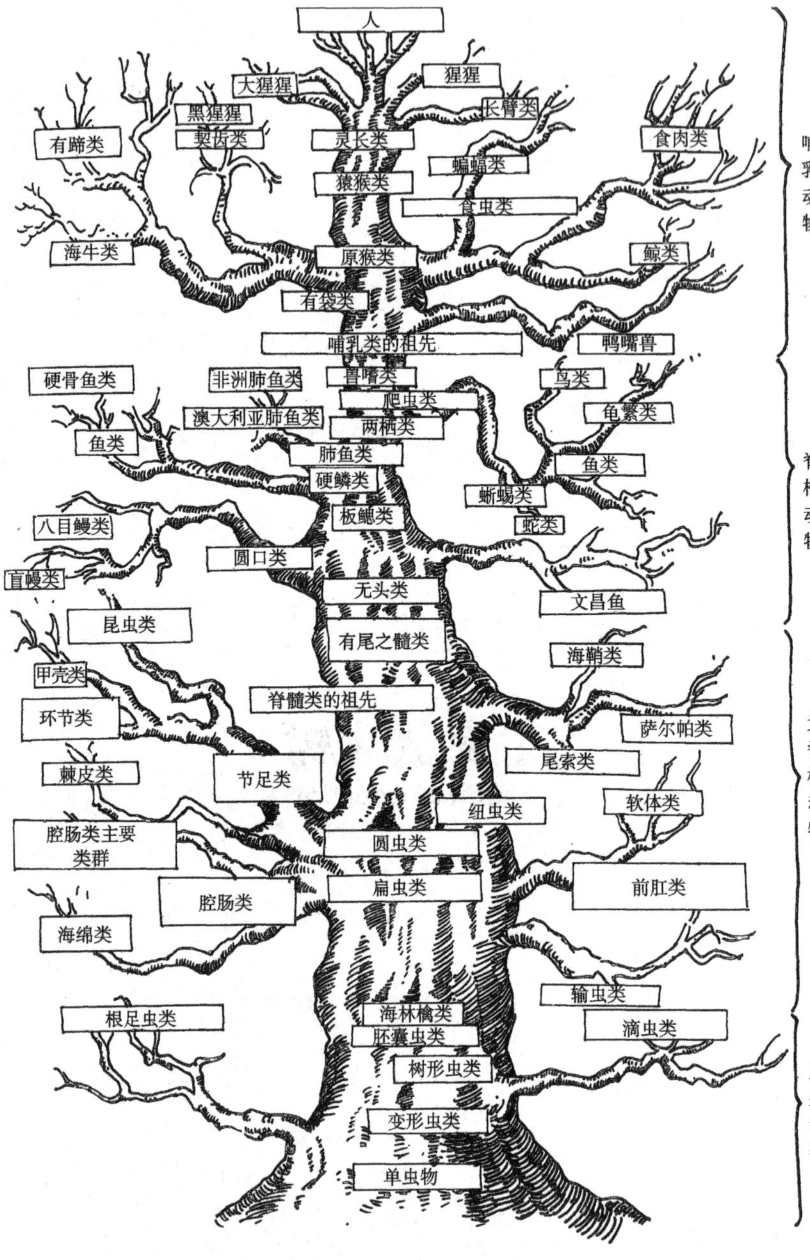
人
大猩猩
猩猩
长臂类
黑猩猩
有蹄类
灵长类
食肉类
蝙蝠类
猿猴类
食虫类
海牛类
原猴类
鲸类
有袋类
哺乳类的祖先
鸭嘴兽
硬骨鱼类
非洲肺鱼类
爬虫类
鸟类
澳大利亚肺鱼类
龟鳖类
两栖类
鱼类
肺鱼类
鱼类
硬鳞类
蜥蜴类
板鳃类
蛇类
八目鳗类
圆口类
盲鳗类
无头类
文昌鱼
昆虫类
有尾之髓类
海鞘类
甲壳类
脊髓类的祖先
环节类
萨尔帕类
尾索类
棘皮类
节足类
软体类
纽虫类
腔肠类主要
类群
圆虫类
前肛类
扁虫类
腔肠类
海绵类
输虫类
海林檎类
根足虫类
胚囊虫类
滴虫类
树形虫类
变形虫类
单虫物
哺乳动物
脊椎动物
无脊椎动物
原生动物

这是德国生物学家恩斯特·海克尔（Ernst Haeckel）的 19 世纪进化树之一，经常被现代教科书引用。

达尔文用"生命的大树"来比喻他的"物种起源"理论。

"同一纲内生物间的亲缘关系可以用一棵大树来表示……那些绿色发芽的嫩枝代表了现存的物种，而那些在过去几年所生而又枯萎了的枝条则代表那些长期连续的灭绝物种。在每个生长期内，所有正在生长的枝条都竭力向各个方向伸展，去遮盖周围的枝条使之枯萎。在任何时期的生存斗争中，物种和物种群去征服其他物种的情况也是如此。"

新的分支是怎么长出来的？是通过老的枝条分支出来的。新的物种是怎么产生的？是由已存在的物种分化而来的。

达尔文在28岁时写下了他对自然界的看法："如果我们做一个大胆的猜想，那么动物和那些生活在痛苦、疾病、挣扎和饥饿中的同类兄弟（从事最艰辛体力劳动的奴隶以及我们娱乐时的玩伴）可能和我们有共同的起源，都拥有同一位祖先，我们可能都会融合在一起。"

回顾历史，所有生物起初是融合在一起的，但顺着历史来看，所有的生物是逐渐分离开来的，并且进行着分化。

产品和服务的大树

在"产品和服务的大树"上，新品类是如何产生的？是既有品类分化而来的。

- 最初有一个分支叫做"计算机"。如今，这个计算机分支分化出主机计算机、中型机、网络计算机、个人电脑、笔记本电脑和掌上电脑。计算机并没有和任何其他技术融合，而是进行了分化。

- 最初有一个分支叫做"电视"。如今电视这个分支分化出了模拟电视和数字电视，普通电视和高清电视，标准制式（4/3）和宽屏制式（16/9）电视。电视并没有和其他媒体融合，而是进行了分化。

- 最初有一个分支叫做"收音机"。如今，收音机这个分支分化出了便携式收音机、汽车收音机、穿戴式收音机和时钟收音机。收音机并没有和其他媒体融合，而是进行了分化。
- 最初有一个分支叫做"电话"。如今，电话这个分支分化出了普通电话、无绳电话、耳机式电话、移动电话和卫星电话。电话并没有和其他科技融合，而是进行了分化。

你见过两根枝条融合成一根的树吗？也许见过，但是这种情况在自然界中是极少的。在产品和服务领域中也是几乎不可能的。

一些品类生存下来，另一些品类则消亡了

达尔文解释说："当树木还很矮小时，它有繁茂的小枝条，其中只有两三条长成了主枝干，至今生存下来并支撑着其他的枝条。物种也是一样，那些生活在远古地质时期的物种中很少能有延续和变异的后代。从树木开始生长，就有很多主枝和分枝衰败枯落了；那些枯落的大小树枝可以代表现今只能从化石中取得考证而没有后代生存下来的整个目、科、属。"

举个例子，有一个分支叫做"打字机"，它分化出了许多个分支——手动打字机、便携式打字机和电子打字机。如今打字机这个分支已经衰败了，快要枯落了，它被临近的"电脑"分支挡住了阳光。

打字机就好比是恐龙。如今，你会发现大多数打字机、计算尺和加法机都像化石一样，被搁置在地下室或者阁楼上，或者就被列在 eBay 网站的出售物品清单上（最近该网站上有 1 314 台打字机在拍卖。）

帆船、蒸汽机和马车都走过了相似的灭绝之路。

品牌的大树

如果你想要建立一个成功的品牌，就必须理解分化。你必须寻找机会，通过现有品类的分化创造出新品类。接下来，你必须成为新品类中的第一个品牌。

在"品牌的大树"上，成功的品牌主导了新生枝条，并且随着枝条自身不断扩展遮挡了临近枝条的阳光，品牌也会变得越来越成功。

传统营销并非聚焦于创造新品类。传统营销关注的是创造新的顾客。传统营销发掘顾客的需求，通过提供比竞争对手更优质、更低价的产品或服务来满足顾客的需求。

在采用传统营销模式的公司中，市场研究总监就是最卖力的布道者。公司投入大量的资金用于市场调研，以发掘顾客的需求。最近一年中，美国公司在市场调研上的花费达到了 62 亿美元。

（如果你读过我们之前出版的《广告的没落 公关的崛起》，你就知道我们是公关的忠实信仰者。公关只有 42 亿美元的业务，比市场调研少了 1/3。）

我们反对市场调研吗

我们既反对也不反对。我们反对试图用市场调研来预测未来。当你问顾客将来要做什么而不是已经做了什么时，调研就是在预测未来。

我们不反对通过市场调研来探究过去。例如，为什么顾客要选择这个品牌。

顾客只有在确确实实有机会做出决定时才会知道自己将要做什么。换个角度来说就是，除非已经有了可供顾客选择购买的品牌，否则品类是不会分化的。

如今最畅销的 5 大啤酒品牌中有 4 个是淡啤。在 1975 年推出莱特

（Lite）淡啤之前，米勒啤酒公司（Miller Brewing）如果问顾客是否愿意购买用水冲淡的啤酒，它还会做得这么成功吗？事实上，盖布林格（Gablinger）在1967年推上市场就可以回答这个问题，答案是绝不会。

这种新型淡啤以其发明者瑞士化学家赫希·盖布林格（Hersch Gablinger）的名字来命名，推出时投放了大量的广告，但无济于事，盖布林格很快就退市了。

名字的作用

为什么莱特成功了，而盖布林格则没有？其中一个原因是品牌的名字。"我要盖布林格"？听起来就像是波兰香肠。如果你要发明一种新啤酒，那就取一个像阿道夫·库尔斯（Adolph Coors）或者奥古斯特·布希（August Busch）这样好听的德国名字。

很多管理层认为名字并不重要，重要的是产品。他们认为，只要生产好的产品，制定合适的价格，就能在市场上获胜。

一个公司或许会花费数亿美元来研发一个新产品，再将这个新产品用一个注定要失败的名字来命名。然而，仅仅有创新是远远不够的。

除了创新，公司还需要通过营销使品牌获得成功并得以生存下去。而一个卓越的营销策划的核心就是一个好的品牌名。

如果市场调研并不能预测消费者行为，那么一家公司如何得知新产品推出市场后的结果呢？

试销的作用

传统营销的另一个工具试销又如何呢？在新产品推向全国市场之前，应该在区域市场还是当地市场进行试销？

试销确实有好处，但我们认为它弊大于利。弊端包括：

浪费时间。你负担不起因试销而浪费的时间，尤其是打造品牌的核心是要抢先进入顾客的心智。

暗示竞争对手。试销会给竞争对手以警示，可能会促使一个甚至多个竞争对手生产相似的产品。

结果不可靠。Enamelon 牙膏的试销预测其每年全国销售额可以达到 5 000 万美元，但实际的年销售额只有 1 000 万美元。

试销的问题之一在于高估需求。为了取得足够的有形结果以进行衡量，你通常会在当地市场上进行试销，但却无力在全国范围内执行试销。

大多数试销并不是为了决定是否将产品推向市场，而是被用来衡量品牌广告的效果。由于在推出品牌时不应该做太多的广告（如果投放了广告），试销的价值就会大打折扣。（参见定律 16 "推出品牌"。）

要推出一个新产品，传统的方法包括市场调研、试销和巨额广告预算。这 3 种做法我们都反对。

如果你要增加胜算，你必须遗忘所有的传统营销模式，你须要关于如何建立一个品牌的新理论。

你要学习达尔文的分化论。

THE ORIGIN OF BRANDS

定律 2

预 测 未 来
Predicting the Future

广播电视分化出了有线电视和卫星电视,创造了很多建立新品牌的机会。

达尔文是个预言家。他可以看到跨越数百万年的影响，即使这些影响在现实世界中并不能被直接观察到。

在《物种起源》一书中，达尔文描述了自然选择使得地球上物种的数量逐渐增加的过程：

"某个物种群的物种数目在这种情况下逐渐增加，这是完全符合自然选择学说的。因为同属的物种或同科的属种只能缓慢地进化式增加，变异和具有亲缘关系的物种的产生必然是缓慢而渐进的过程——一个物种最初产生两三个种类，这些变种慢慢形成物种，这些物种又经过同样缓慢的步骤产生其他的种类和物种，以此类推。就像一根树干上抽出分支，最终长成一棵茂密的大树。"

对我们而言，看清这个过程就容易得多。因为品牌的"进化"过程就发生在我们面前。你到处都可以看到相同的情况：品类在不断地进化和分化。

在自然界中，环境的变化为物种的分化创造了条件。在商业界，技术和文化环境的变迁为品类的分化创造了条件。

电视的大树

最初的广播电视创造了 3 个电视网品牌：哥伦比亚广播公司（CBS）、美国国家广播公司（NBC）和美国广播公司（ABC）。随后有线电视兴起，衍生出 HBO、ESPN、美国有线电视新闻网（CNN）和其他很多有线电视品牌。卫星电视的出现又为 DirecTV 和 Dish Network 创造了机会。

假设你是一家公司的执行官，公司想要在有线电视刚刚出现时进军电视产业。一边是拥有三大品牌的广播电视，每年创造数十亿美元的收入；另一边是收入几乎为零的有线电视，而且前途未卜。

机遇在哪一边

你会选择在市场已经成熟的电视网领域分一杯羹，还是选择在有线电视这样全新而又不确定的品类中创建一个新品牌？

我们都是事后诸葛亮。现在来看，问题的答案就是有线电视。但是早在 1968 年当美国联邦通信委员会（FCC）首先批准了付费有线传输时，答案并没有那么明显。

- 第一个有线电视新闻网——美国有线电视新闻网（CNN）并不是由美国广播公司、哥伦比亚广播公司或美国国家广播公司创办的。它的创办人是户外广告巨头特德·特纳（Ted Turner），他也是将地方电视台接上卫星创办"超级电视台"WTBS 的第一人。

- 第一个有线电视体育网——ESPN 并不是由美国广播公司、哥伦比亚广播公司或美国国家广播公司创办的。它是由斯科特·拉斯马森（Scott Rasmussen）和他的父亲比尔·拉斯马森（Bill Rasmussen）从信用卡上预支 9 000 美元现金创办的。

- 第一个高级有线电视网——HBO 并不是由美国广播公司、哥伦比亚广播公司或美国国家广播公司创办的。它的创办人是查尔斯·多兰（Charles Dolan），他经营着由时代公司（Time Inc.）控制的 Sterling Manhattan 电缆系统公司。[多兰随后建立了美国有线电视系统公司（Cablevision Systems），现在该公司已经成为全美第五大有线电视运营商。]

- HBO 如今隶属于时代华纳公司（Time Warner），它已经成为一棵摇钱树。举个例子，据报道，最近一年 HBO 的盈利已经超过了美国广播公司、哥伦比亚广播公司、美国国家广播公司和福克斯公司（Fox）4 家公司盈利的总和。

情况就是如此。大公司总是看到事物的表面，而创业家总会看到事物的潜力。

提升你的远见能力

别提"后见之明"了。写这本书的目的是要提升你的远见能力，是要向你证明，不必成为一个预言家，你也能预测未来。

所有的品类都会分化。它们过去一直都在分化，将来也会继续分化。正是分化为新品牌的创建制造了机会。向哪个方向分化则是另一个问题了。你唯一能确信的事就是分化必然会朝着这个方向或者另一个方向发生。

当然，品牌无处不在。绝大多数品牌毫无价值，一些品牌有价值，而只有少数的品牌能跻身公司拥有的最有价值的资产之列。我们的目标是帮助你打造像星巴克、红牛或者雷克萨斯那一类的最有价值的品牌。

品牌具有价值在于一个原因，而且只有这么一个原因，就是它主导了一个品类。可口可乐是全球最具价值的品牌，它的价值就在于它在全球范围内主导了可乐品类。

微软是世界上第二大最具价值的品牌，它的价值就在于它在全球范围内主导了个人计算机软件品类。

在其他品类中几乎找不到一个比微软更具品类主导力的品牌了。我们预测，在不久的将来，微软将成为世界上最具价值的品牌。

大多数新品牌没有前途

每一年，美国消费品生产商会推出 3 万多种新产品和新服务。也就是说，用 3 万多个机会推出另一家西南航空公司（Southwest Airlines）、另一种速易洁（Swiffer）、另一个谷歌、另一种佳得乐（Gatorade）。

那仅仅是在消费品方面。在行业产品方面，美国的公司至少会推出同样数量的新产品和新服务，也就是说用同样数量的机会推出另一个 Adobe、另一个联邦快递（FedEx）、另一个湾流（Gulfstream）和另一个甲骨文（Oracle）。

这些新产品和新服务中的绝大部分（包括它们的品牌）都没什么机会成为大品牌，因为它们的推出是为了服务一个市场，而不是去创造一个市场。

在这场新产品之战中如何增加胜算？很简单，你只要去预测未来。

这就是创建新品牌的全部含义。你要为自己的预测能力下赌注，预测你的新产品或新服务在未来可能会发生什么情况。

我们的预测出错了

根据尼尔森公司（Nielsen BASES）和安永公司（Ernst & Young）最近的一项研究报告显示，美国新消费品的失败率为 95%，欧洲新消费品的失败率为 90%。

成功的品牌也没什么可吹嘘的。几年前的一项分析发现，在 10 年间推出的几十万种新产品中，只有不到 200 种新产品的年销售额超过 1 500 万美元，极少数的年销售额超过 1 亿美元。

我们必须做得更好，必须找到一个更好的方法去预测未来。

遗憾的是，预测未来是无法做到的。增加胜算的唯一方法就是研究过去。当你将过去和现在的品牌进行比较时，你发现了什么？

选择的激增

50 年前，一家杂货店里可能有 4 000 件商品。如今，平均每家超市存储的商品超过 40 000 件。杂货店的情况也同样发生在药店、服装店、电器店、五金店、酒店和百货商店。更多的商品、更多的品类、更多的品牌、更多的选择。

顾客有时候会抱怨因选择太多而分不清楚，但基本上他们是喜欢选择的。如果你在街边开一个约有 20 000 件货品的商店，而街对面是一个货品量达到 40 000 件的商店，你就知道我的意思了。在水里，大鱼会吃小鱼，而在零售业，大商店会吞并小商店。

这种情况四处可见。一个品类可能开始时只有一个商品，通常是只有一个品牌。随着时间的推移，这个品类就会爆炸成很多不同的品类和不同的品牌。

例如，电视。不仅电视的信号发射端爆炸成多个不同的品类，接收端也是如此。现在你要买电视机，你可以选择 CRT（阴极射线管电视机）、LCD（液晶显示屏电视机）、背投液晶显示屏电视机、背投硅基液晶显示屏电视机、DLP（数字光显电视机）和等离子电视机。在不久的将来，你或许还能看到 OLED（有机发光显示器）

还会有更多不同的产品会出现。

新品类需要新名字

每个新品类都为新品牌的创建制造了机会。不幸的是，大多数公司都会将现有品牌进行延伸来涵盖新品类。

这是营销中最严重的错误。

我们来看看计算机。最初所有的计算机都是主机计算机，这个品类先由雷明顿·兰德（Remington Rand）主导，之后由 IBM 主导。随后这个品类分化出了小型计算机（DEC）、家用个人计算机（苹果）、工作站 [太阳微系统公司（Sun Microsystems）]、3D 工作站 [硅图公司（Silicon Graphics）]、笔记本（东芝）、商务个人计算机（康柏）和直销个人计算机（戴尔）。

主机计算机发生的情况也同样发生在如今很多品类中。大公司跳进来，以既有品牌投入市场，想从领先者那里抢到一些市场份额，而创业家则率先开辟新品类，并成为百万富翁。

在主机计算机领域，通用电气、RCA、摩托罗拉和施乐等大公司都试图侵入 IBM 的版图，但都失败了。

与此同时，创业家肯尼斯·奥尔森（Kenneth Olsen）和哈伦·安德森（Harlan Anderson）创办了一家名为数字设备（Digital Equipment）的小型计算机公司，并且赚了大钱。同样，两位创业家史蒂夫·乔布斯和史蒂夫·沃兹尼克（Steve Wozniak）创办了苹果电脑公司，安德烈斯·贝切托尔舍因（Andreas Bechtolsheim）、斯科特·麦克尼利（Scott McNealy）、维诺德·科斯拉（Vinod Khosla）和威廉·乔伊（William Joy）创办了太阳微系统公司，詹姆斯·克拉克（James Clark）创办了硅图公司，罗德·肯尼恩（Rod Canion）、詹姆斯·哈里斯（James Harries）和威廉·莫图（William Murto）创办了康柏公司，还有迈克尔·戴尔（Michael Dell）创办了戴尔电脑公司。

在计算机行业，通常推出新品牌的企业家会打败那些进行了产品线延伸的大公司，但曾经由东芝主导的笔记本品类却是唯一的例外。

有趣的是，康柏公司以便携式计算机起家（因此取名为康柏），后期扩张进入台式机品类，因此失去了业务焦点和主导这一新生品类的机会。

如果康柏保持其便携式（或笔记本）计算机公司的定位，情况会怎样？今天的康柏是否有可能成为比戴尔更大更成功的公司？

我们认为这是有可能的。举例来说，2003 年笔记本电脑的销量已经超过了台式机。

THE ORIGIN OF BRANDS

定律 3

分立和征服
Divide and Conquer

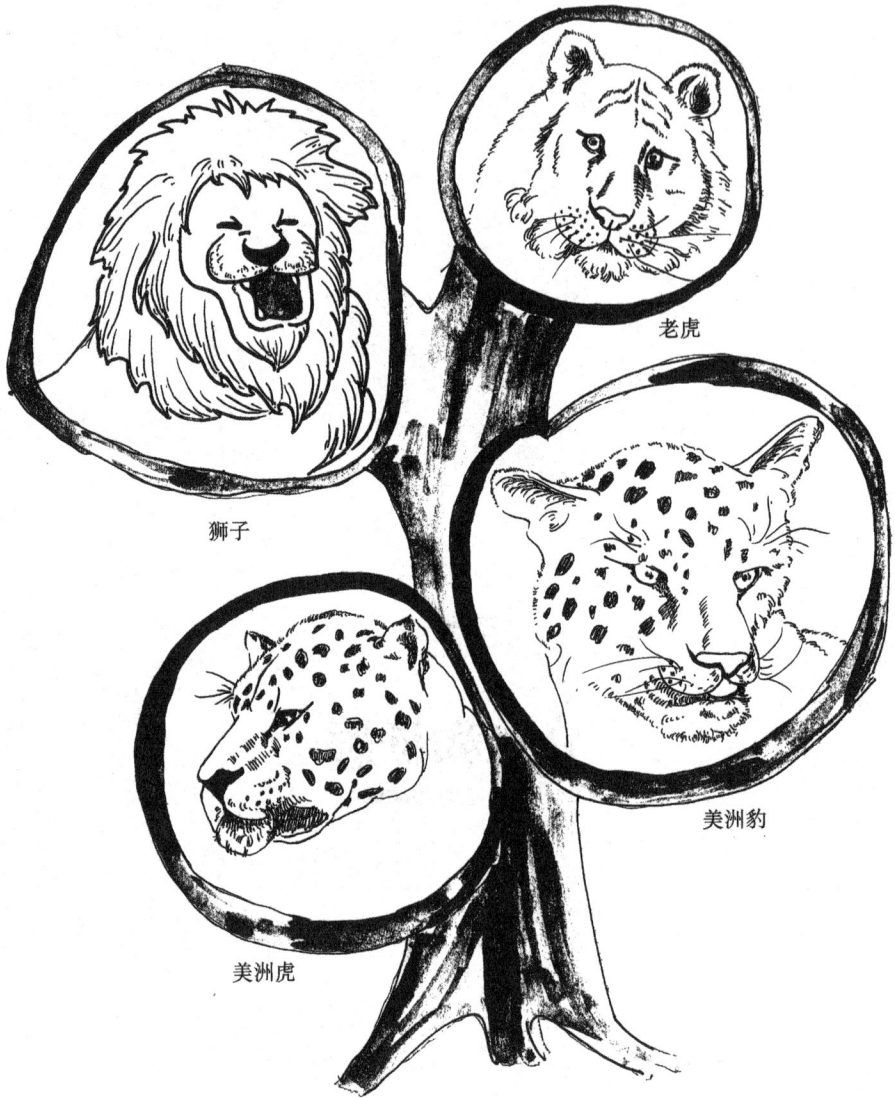

狮子

老虎

美洲豹

美洲虎

豹是一种古老的动物，随着时间推移进化出美洲豹、美洲虎、老虎和狮子。

市场有多大?

通常在开始一个品牌策划项目之前,人们都会问这个问题,但提出这个问题本身就是一个错误。

打造品牌的机会并不存在于既有市场,而是存在于创造新市场。

一个新品牌就像是一个新物种,新物种并不是原有物种进化而来的。如果"狮子"是一个品牌,你无法通过改良狮子去创建一个新品牌。无论你如何改良品种,狮子还是狮子。

新物种是原有物种分化而来的。在远古的某个时期,狮子的祖先(豹)分化了,出现了一种新的物种,叫做美洲豹。豹以同样的方式多次分化,产生了美洲虎、老虎和狮子。这是自然界的发展规律。

这也是打造品牌的规律

如果你想要创建一个强大的新品牌,你应该设法将你的产品或服务从现有品类中分化出来。换句话说,创建品牌最好的方法并非追逐一个现有的品类,而是创造一个你可以率先进入的新品类。

分立并征服就是你建立一个强大新品牌的方法。

市场有多大?从打造品牌的角度来看,最佳的答案就是零。

要创建一个新品牌,你必须克服服务于市场的传统观念,集中精力去创建一个市场。

接下来我们看一下由领先的品牌价值评估公司 Interbrand(2003年)评出的全球十大最具价值品牌及其评估价值。

第一名:可口可乐(700 亿美元)

这真是个惊人的数字。可口可乐公司的有形资产为 245 亿美元,也就是说其品牌价值是公司有形资产的 3 倍。

可口可乐品牌是如何达到这么高的价值的?并非因为这个品牌

的推出是为了服务一个现有的市场。在当时，软饮料市场包括乐啤露（root beer）、沙士（sarsaparilla）、姜汁汽水、橙汁、柠檬汁和其他调味饮料。可口可乐之所以能发展成一个大品牌，是因为它创造了一个叫做可乐的新市场。

可口可乐就好比是在一个狮子、美洲豹和美洲虎大量繁衍的市场上创造了老虎。强大的新品牌都是这样通过原有品类的分化而创建的，而绝非通过现有品类的改良或合并两个甚至更多的品类实现。

第二名：微软（650 亿美元）

微软是如何在相对短暂的时间内达到如此卓越的成就的？（与可口可乐公司 118 年的历史相比，微软公司只有 29 年的历史。）

微软的强大并不是来自它建立了一个更好的个人计算机操作系统。大多数专家更认可麦金塔（Macintosh）超前的外观和感觉。微软通过成为第一打赢了这场操作系统之战。当 16 比特的个人计算机操作系统从苹果 OS 和数码研究公司（Digital Research）的 CP/M 的 8 比特系统中分化出来后，微软首先将自己确立为 16 比特操作系统的领先品牌，这多亏了 IBM。

1981 年 8 月，IBM 推出了搭载微软操作系统的个人计算机。苹果的麦金塔品牌（及其操作系统）直到 1984 年才面市。

你不能给 IBM 这样强大的竞争对手领先两年半的起步时间，还期望战胜对方。当麦金塔出现的时候，IBM 个人计算机（和它的模仿品）已经开始成为行业标准了。

第三名：IBM（520 亿美元）

是什么建立了 IBM 品牌？简言之，是主机计算机。IBM 并不是最早推出商务计算机的公司。（雷明顿·兰德公司是第一个，它在 1951 年就推出了 Univac 品牌。）

但是雷明顿·兰德公司是一家大型联合企业，而 IBM 公司则把所有的精力都集中于商用信息机。

尽管如此，若不是主机计算机产品的飞速发展，雷明顿·兰德公司的 Univac 品牌本来还可以获得成功。1953 年 IBM 推出第一台计算机 701，其后一年之内，IBM 又推出了 702，其处理信息的速度是 Univac 机器的两倍。

有趣的是，IBM 公司在主机计算机市场的做法在个人计算机市场中却发挥不了作用。从严格意义来说，IBM 是第一个推出 16 比特个人计算机（IBM PC）的公司，但是它在个人计算机市场上还是输给了康柏、惠普和戴尔等跟风品牌。

为什么？问题出在 IBM 这个品牌名上。IBM 代表了主机计算机，而非个人计算机。我们会在定律 16 "推出品牌"中讨论这一悖论。

第四名：通用电气（420 亿美元）

通用电气的历史可以追溯到托马斯·爱迪生发明电灯泡的 1879 年。他的公司（爱迪生电灯公司）最终发展成为通用电气公司。

就像今天的互联网，电灯泡在当时是革命性的产品，它给社会带来了翻天覆地的改变，把白天的时长从 12 个小时变为 24 个小时。

第五名：英特尔（310 亿美元）

和世界上所有最具价值的品牌一样，某个灵感的迸发创建了英特尔品牌。那就是微芯片。英特尔是第一个推出微处理器的公司，名叫英特尔 4004。

此外，英特尔明智地砍掉了计算机存储器业务，聚焦于微处理器这一新产品线。这个例子证明了修剪的力量。（参见定律 13。）

第六名：诺基亚（290 亿美元）

是什么建立了诺基亚品牌？简言之，就是手机。

坦率地说，世界第六大最具价值的品牌原本是摩托罗拉，它是率先推出手机的公司，然而，摩托罗拉输给诺基亚的原因和 IBM 在个人计算机业务上输给康柏、惠普和戴尔的原因是一样的。诺基亚意味着"手机"，而摩托罗拉代表了从通信设备到全球卫星系统的一系列产品。

诺基亚则恰恰相反。这家公司砍掉了其他所有业务（纸业、包括轮胎和橡胶靴在内的橡胶产品、电子设备、机械设备和计算机）以聚焦于手机。再强调一次，这是修剪的力量。

第七名：迪士尼（280 亿美元）

是什么建立了迪士尼品牌？简言之，就是米老鼠。

迪士尼是第一个动画卡通或者说奇幻的品牌。白雪公主和七个小矮人、唐老鸭、普卢托和其他的卡通形象帮助建立了迪士尼品牌。

第八名：麦当劳（250 亿美元）

是什么建立了麦当劳品牌？是无数的汉堡。

第一家麦当劳餐厅的菜单上有 11 个单品，而且这个数量已经包括了按照分量和口味进行的划分。如果你不是为了去买一个汉堡（或者高档一些的吉士汉堡），那就没必要去麦当劳。菜单上的其他单品都是汉堡的配餐。

当然，到了现在，一个典型的麦当劳餐厅的菜单上约有 50 个单品（如果算上不同的分量和口味，就有 100 多个单品），这个品牌也陷入了困境。有谁能帮它修剪一下吗？

第九名：万宝路（220 亿美元）

对于香烟市场的繁荣，我们并无意感到高兴，但毫无疑问，万宝路已经成为全球最强大的香烟品牌之一。它是怎么做到的？在成为香烟第一品牌之前，万宝路走过了很长的一段路。

传统观念认为广告是万宝路制胜的法宝，但是广告只是一个工具。你可以用锤子来盖房子，但你需要一名建筑师才能盖起一座引以为豪的房子。

万宝路的成功正代表了达尔文主义的作用。在万宝路之前，所有的香烟品牌都是男女皆宜的。万宝路用牛仔形象创建了一个男子气的品牌，从香烟主流中分化出来。

但事实上抽万宝路的女士几乎和男士一样多。营销并不关乎市场，营销关乎的是心智。在心智中，万宝路代表有男子气的香烟，而女士选择这个品牌就是为了表现其男子气的一面。

第十名：奔驰（210 亿美元）

1885 年卡尔·本兹（Karl Benz）发明了汽车（3 个轮子），随后戈特利布·戴姆勒（Gottlieb Daimler）于 1886 年推出了 4 轮汽车。之后，这两家公司合并成立戴姆勒－奔驰公司（Daimler-Benz AG）。

戴姆勒－奔驰公司创建了奔驰品牌。如今，奔驰是全球最具声望的汽车品牌之一，尽管这家公司正在破坏这一声望。它首先与针对低端市场的克莱斯勒公司合并，之后又推出了一系列针对低端市场的奔驰车型。

与市场大小无关

在可口可乐面市的时候，可乐的市场有多大？

在微软 MS/DOS 系统推出的时候，16 比特的个人计算机操作系统市场有多大？

在爱迪生推出他载入史册的发明时，电灯泡的市场有多大？

在英特尔 4004 面市时，微处理器的市场有多大？

在迪士尼的米老鼠第一次出现在荧幕上时，动画卡通的市场有多大？

在麦克唐纳兄弟开了他们第一家餐厅时，快餐汉堡的市场有多大？

在万宝路重新定位为男性香烟品牌的时候，男子气香烟的市场有多大？

在卡尔·本兹推出他的第一辆汽车时，汽车市场有多大？

这 8 个案例当中，市场的实际大小都是零。全球最具价值的十大品牌中，有 8 个都是通过从现有品类中分化而创建的。

聚焦的力量

分化创建品牌是通用定律，而全球十大最具价值品牌的其余两个（IBM 和诺基亚）却是这一通用定律的例外。但这两个品牌的案例证实了另一条打造品牌的定律。你可以通过做对的事情制胜，或当你的竞争对手犯错时，你也能获胜。

在 IBM 和诺基亚的案例中，它们的竞争对手犯错了。

就拿雷明顿·兰德公司来说，它生产包括电动剃须刀、工业电视系统、打卡机和计算机在内的多系列产品。这就使得公司无法赶上计算机领域中高速的产品发展步伐。

在第一台 Univac 计算机推出的 4 年后，IBM 占据了主机领域的主导地位，此后也一直未失去该地位。

又如，摩托罗拉公司就犯了典型的产品线延伸的错误。它把摩托罗拉这一品牌名放在手机这个新兴的品类上。

但 IBM 不也做了同样的事情吗？把 IBM 的名字放在主机计算机上，IBM 公司也生产其他产品，其中最出名的不就是打卡机吗？确实如此。但 IBM 公司在计算机业务上的聚焦将 IBM 品牌转化为一个"主机计算机"品牌。

摩托罗拉公司却没有这么做。摩托罗拉品牌从未单独作为手机品牌。它沿袭了一贯的做法，除了手机之外，这一大型联合企业品牌还代表了半导体、全球通信设备、调制解调器、电视机机顶盒、家庭影院设备、应急无线电、军用和太空电子设备。

摩托罗拉公司甚至还向个人计算机和主机计算机领域发起了注定要失败的攻击。当然，还是沿用了摩托罗拉这一品牌名。

市场 vs. 心智

能区分市场和心智的差异是打造品牌时做出正确决策的关键要素。

一个打造品牌的营销策划，其首要目标不应该是产品或服务的市场，而应该是潜在顾客的心智。心智第一，市场跟随心智。

很多管理层试图缩短这一过程。他们从市场的角度去想问题，忽略了首先要去影响心智。这种思维会导致对市场定义和定位的混淆。

就拿万宝路来说。有一种想法认为，万宝路品牌的目标市场就是整个香烟品类，而牛仔只是吸引这一市场的一个明智的方法。

这种观点大大推动了广告产业。牛仔形象给万宝路带来了好运，于是其他香烟品牌也开始寻找视觉元素，有动物（骆驼牌香烟）、游泳池（百乐门）、赛车手（云斯顿）等。

心智并不考虑市场，心智考虑的是品类。在这一方面，视觉形象只是达成目标的一种手段。在万宝路的例子中，终极目标就是在心智中成为代表男子气香烟的品类。

当然，最终你会希望你的品牌能主导整个市场，就像万宝路那样。但是要达成这一目标的方法是从小做起，而不是从大做起。

首先要问的问题是，心智中有没有一个现有的"男子气"香烟品类？第二个问题是，你是否能创建一个品牌，使它从主流香烟市场中分化出来，最终创建一个"男子气"香烟品类？

过程并非取决于市场

在万宝路重新作为男子气香烟品牌推出的时候，市场上可能已经有许多其他男子气香烟的品牌了。市场上有什么并不重要，重要的是心智中有什么。心智中有没有新品类的缺口或位置？

1908年7月2日，汉斯·威尔斯多夫（Hans Wilsdorf）注册了劳力士商标，但是市场上已存在几十个奢侈品手表的品牌。（在16世纪中叶，瑞士手表行业已经在日内瓦兴起。）但是在大众的心智中并没有一个叫做"奢侈品手表"的品类，当然也没有这一品类的品牌，即使一般购买手表的顾客都大概知道一款手表的售价可以高达5 000美元。

就像万宝路一样，劳力士的推出创造了一个新品类（奢侈品手表）和该品类的代表品牌（劳力士）的认知，并最终将市场向着那个方向推动。如今，奢侈品手表代表了手表市场上非常可观的份额。

市场的容量有多大？

零。好极了！那才是我们的目标市场。

THE ORIGIN OF BRANDS

定律 4

渐变 vs. 分化
Gradual Change vs. Divergence

逐渐变化

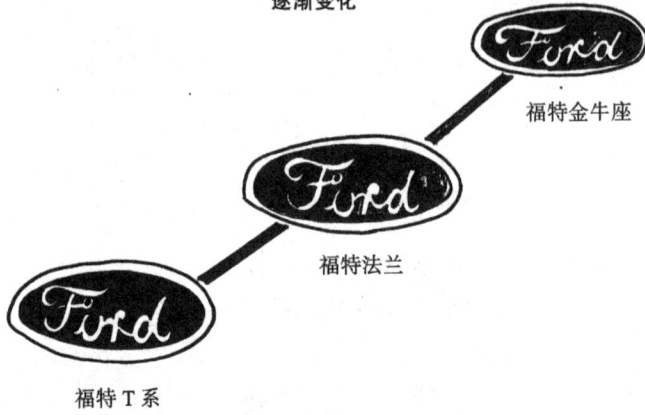

福特金牛座

福特法兰

福特 T 系

分化

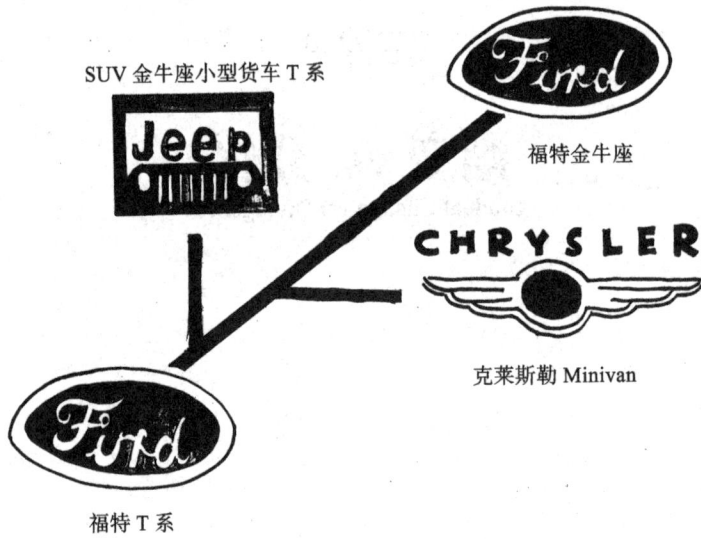

SUV 金牛座小型货车 T 系

福特金牛座

克莱斯勒 Minivan

福特 T 系

　　福特汽车是慢慢改变的，当推出多种车型时，就会发生突变或者分化。

达尔文认识到进化有两个方面。一方面是从祖先逐渐演变到当前状态（叫做前进演化），另一方面就是分化，或者说是从祖先分裂出去创造新的分支（叫做分支进化）。

在生物学中，前进演化（渐变）和分支进化（分化）在很大程度上是彼此独立的过程。草莓通过前进演化变得像李子那么大，但却不会变成李子。分化才能做到这一点。

在商业界，这两个过程在很大程度上也是彼此独立的。混淆这两者就会引发问题。你需要分辨什么是正常的自然的变化，什么条件会导致分化这一突变。

2004 年款福特金牛座（Taurus）与 1955 年款的福特宝云（Fairlane）外观迥异，但它们都是轿车。

福特的轿车在过去数年中做了很多改变，但是它们都没有发展成微型厢式车或 SUV。

如果你把分化看成是自然变化，你就会错失创建一个利润丰厚的新品牌的良机。如果你把自然变化看成是分化，那么你可能在推出一个新品牌后招致灾难性的结果。

定律 1：渐变

进化的第一条基本规律是适者生存。从长远来看，个体之间的竞争会改良物种。达尔文认为所有生物都加入了激烈的生存竞争。那些带有不适特性的动植物就会在竞争中被杀死。

随着时间推移，物种进化了，并且因为生存竞争而变得更加强大，对不适宜的生存环境也更有耐久力。

100 年之前，美国人的平均寿命为 47 岁，如今已经有望达到 77 岁了。

200 年前，美国成年男性的平均身高在 1.70 米左右，如今这一数值是 1.75 米。经过两个世纪增加两英寸看起来并没有多大变化，但把这个数字与人类存在的数千个世纪相乘，就完全不同了。

除了人类，鸟、蜜蜂、植物和其他动物也在"适者生存，物竞天择"的过程中得到了改良。

在 1896 年的奥运会上，美国人托马斯·伯克（Thomas Burke）以 12.0 秒的成绩赢得了百米赛跑。2000 年奥运会上，美国人莫瑞斯·格林（Maurice Green）在该项目的成绩是 9.87 秒。随着时间推移，个体并不会有太多改善，但物种会。所有参加 1896 年赛事的选手（在他们的巅峰时期）都没有资格参加 2000 年的奥运赛事。

定律 2：分化

进化的第二条基本规律是由第一条直接演化而来的，即分化定律。物种之间的竞争使得它们的性状区隔得越来越远。

达尔文是这样描述这个过程的："因此，在任何物种的后代变异的过程中，在所有物种都不断竭力增加自身数量的争斗中，后代的性状分歧越大，在生存斗争中胜出的机会就越大……正如之前提到的，自然选择可以导致物种性状的分歧，使得没有大幅度改良的中间形态的生命体大量灭绝。"

生物学上一个著名的实验证明了这条规律。把两个不同品种的草履虫放在一个试管里，几天之后发现一个品种的草履虫占据了试管的上方，另一个品种则占据了试管下方。两者之间的区域什么也没有。

拿藤壶来做实验，结果也很相似。一个品种会占据线的上端，另一个则占据线的下端。（在营销中，当一个品牌试图占据两个不同的位置时，通常被称为陷入了"泥泞的中间地带"。）

两种竞争

这两条自然规律和非自然的营销领域有很大的相关性。个体（品牌）之间的竞争会改良物种。物种（品类）之间的竞争会使品类越来越趋向分歧。

比如个人计算机品类中的品牌。个人计算机的生产商若不持续改进和升级其产品，很快就会被排挤出这个行业。大多数产品和服务都会遭遇同样的情况。你不能将过时的产品卖给当下的顾客。

达尔文的第二条规律在营销中同样正确。物种（品类）之间的竞争推动品类日趋分化。康柏推出了第一台便携式计算机，重量为 18 磅[⊖]。实质上它是一个带提手的瘦身台式机。用户并没有称其为"便携"计算机，而是叫它"手提"计算机。

来比较一下现在的台式机和便携式计算机（现在称为笔记本）。劳拉的桌上是一台戴尔 Dimension XPS T550（重 29 磅）、一个 19 英寸的索尼 LCD 液晶显示器（重 17 磅）以及微软人体工学键盘和鼠标（重 3.5 磅）。总重量是 49.5 磅。

但是在外出时，劳拉带的是一台东芝 Protégé，重量只有 4.5 磅。你再也不能在一个台式机上装上提手就称其为"便携式"计算机。便携计算机或者说笔记本已经从台式机分化出去。

在外观上很难看出笔记本和台式机是源自同一个祖先，但我们想一想就能发现它们之间的关系，因为它们用相同的软件，并且都叫做个人计算机。

这个过程从未停止。后来，笔记本电脑这一品类分成了重 6 ~ 8 磅的全性能机型和 3 ~ 4 磅的超轻机型。

这是一种重要的概念，因为你的直觉可能会引导你走向相反的方向。如果你认为顾客是单一群体（确实有很多公司都这么认为），你的

⊖ 1 磅 =0.4536 千克。

直觉就是要满足这群顾客的所有需求。其结果就是，一台笔记本电脑必须具备所有性能并且超轻。换言之，你就会把自己放在没有市场的泥泞的中间地带。

市场仅有一个"甜蜜区"只是个幻象，它很快会让位给多个甜蜜区。你希望你的品牌占据哪个区域？是试管的上部还是底部？试图占据两个区域就会直接陷入泥泞的中间地带。

汽车行业经常落入试图满足顾客所有需求的陷阱。所以每一年，小轿车都变得越来越长，越来越宽，镀铬越来越多，价格也越来越高。汽车品牌迟早会偏离它们的本位。

分化的压力

达尔文用一个人类的例子来描述大自然作用在物种身上并推动其分化的压力。"船在靠近海岸的地方失事，对于会游泳的船员来说是游得越远越好，不善于游泳的人还是抓住船体的残骸比较好。"

如果把船员比做一个物种，在经过足够长的时间和足够多的船体失事之后，这个物种最终会分为两种：会游泳的和不会游泳的。泥泞的中间地带又是一个需要避开的地方。

如果这个世界上只有篮球和赛马两种运动，那么也会只有两种运动员：高大型和矮小型，或中锋和骑手，或长颈鹿型和小羚羊型。

在营销中，很容易看清品牌是如何随着时间"进化"的。1908 年的福特 T 型车发展成了 2004 年的福特金牛座。不太明显的是经过相同的时间，品牌是如何"分化"的。

在 1908 年，福特只有一个车型、一个颜色、一个价格。如今，福特有 10 个不同的车型可供购买：

■ 福特维多利亚皇冠（豪华轿车）；

■ 福特伊克莱（Econoline）（厢式车）；

- 福特旅行家（Excursion）（大型 SUV）；
- 福特探险者（Explorer）（SUV）；
- 福特福克斯（Focus）（紧凑型轿车）；
- 福特 F 系（皮卡）；
- 福特野马（Mustang）（跑车）；
- 福特漫游者（Ranger）（紧凑型皮卡）；
- 福特金牛座（标准型轿车）；
- 福特风之星（Windstar）（微型厢式车）。

现在福特的车型阵容外观不同，功能也有差异，但很显然它们有同一个祖先，就是福特 T 型车。

渐变改良了福特的品种，而分化在原本一个品类的基础上创造了另外 9 个。

注意，每个品类都是非常独立的。皮卡不是改进后的紧凑型轿车，SUV 也不是改进后的跑车，尽管它们有一些明显的相似之处。

达尔文认为，人类不是从猴子进化而来的，虽然两者有同一个祖先。在远古某个时期，现代人是由创造了猿、大猩猩、黑猩猩、猩猩、长臂猿和猴子的同一棵大树的枝干分化出来的。

赶上竞争

任何想要赶上竞争的品牌都需要"进化"。你不能靠出售 1908 年的福特 T 型车来和 2004 年的雪佛兰迈锐宝（Malibu）竞争。福特这个品牌并没有变（品牌的 LOGO 也几乎没有改变），但是随着汽车行业技术的发展，其产品已经发生了翻天覆地的变化。

在某种程度上，这对所有品牌来说都是如此。要不被进化的竞争淘汰，"改变"是必须付出的代价。

大多数领先品牌都不会惧怕时间的流逝。只要它们一直赶上竞争，就能在市场上保持自己的位置。即使雪佛兰推出一台更好的轿车，福特也不太可能会失去自己的汽车领先者地位。

为什么会这样？因为靠一个更好的产品来改变购车者的心智是需要时间的。而时间站在领先者一边。监视竞争对手，并且跟进（或者超越）其发展，就是今天这个叫做品牌维护的游戏。

这是达尔文为营销人创造机遇（或者招致问题）的第二条定律。分化是创造新物种诞生的进化规律。新物种能轻而易举地消灭原有物种（或产品品类）。我们亲眼见证了个人电脑消灭了打字机。互联网对传真也正在做相同的事情。

"进化"一词在误导

"进化"暗含着从一个物种向另一个物种逐渐转变的意思，但在自然界并非如此。

达尔文在《物种起源》的原著中并没有使用"进化"这个词。事实上，他非常不情愿地在后期的版本中才使用了这个词，因为当时"进化"这个词显然已经与他的工作永远联系在一起了。

对达尔文来说，分化定律和渐变定律同样重要。如果大自然只是遵循"进化"这一条路径，那就意味着很多物种会非常相似，很难区分。那个动物是猫还是狗？很难说，都有可能。

达尔文的天才在于他认识到像猫和狗这样的物种可能有同一个祖先，但是它们为适应环境的变化而进行了"分支"或分化。随着时间的推移，物种之前的差异越来越明显，达尔文称为"自然界偏好极端"。[在打造品牌的过程中，"自然界也偏好极端"。看看劳力士、星巴克和丽思－卡尔顿（Ritz-Carlton）这些高端品牌以及斯沃琪（Swatch）、沃尔玛和好市多（Costco）这些低端品牌。]

如果地球的历史上只发生"进化"，那么这个世界将充斥着你能想象到的最大、最强、最坚韧的单细胞个体。

这真是糟透了。品牌的进化被普遍认为是一个营销概念。而品牌的分化并未能被普遍接受。但从长远而言，是分化而非进化，创造了绝大多数创建品牌的机遇。

来看看福特汽车公司。一路走来，福特错失了很多"分化"创建新品牌的机会。例如，跑车分支目前由保时捷主导，豪华轿车分支，由奔驰主导。福特也失去了主导 SUV 分支（后由吉普主导）甚至是微型厢式车分支（后由克莱斯勒主导）的机会。

"进化"或渐变是明显的战略："每年我们都要制造出更好的产品、售以更低的价格，拥有比以往更可靠的性能。"但是分化则不然。事实上，你的直觉可能会将你引向完全错误的方向。

凯马特、沃尔玛和塔吉特

比较一下凯马特（Kmart）和沃尔玛。凯马特显然已经在大宗零售商的战争中输给了来自阿肯色州本顿维尔的对手。那么，凯马特做了什么？

他们聘请了新的管理层，减少了每周特价商品的宣传册，并确立了和沃尔玛相似的"天天低价"策略。

顾客喜欢"天天低价"吗？当然，这就是他们去沃尔玛购物的原因，沃尔玛连锁承诺"永远低价"。

另一方面，塔吉特（Target）刻意从沃尔玛的模式中分化出来。宽敞的走道、整洁的陈列和设计师商品把塔吉特品牌和沃尔玛品牌区分开来。塔古特的主题就是"便宜的时尚"。（美国著名脱口秀节目主持人奥普拉·温弗瑞（Oprah Winfrey）把这家店叫做"Tar-ZHEY"。）

塔吉特从大宗零售商的品类中分化出去，变成了"高档"大宗零售商。

如果你把塔吉特、沃尔玛和凯马特三个品牌放在一个"大宗零售店"的试管里，并把它们混合在一起，结果会发现塔吉特在试管的顶端，沃尔玛在低端，而破产的凯马特则处在泥泞的中间地带。

如果研究山姆·沃尔顿和他的沃尔玛连锁店历史，你会发现这个品牌经过了分化和渐变两个阶段。

最初，沃尔玛品牌是一个典型的分化故事。凯马特是当时领先的折扣连锁，在大多数大城市里都有它的店铺。沃尔玛没有和凯马特进行正面竞争，而是选择了在小社区开设店铺。

沃尔玛遇到的竞争很小，甚至可以说没有，它通过渐变每年都在壮大。一旦沃尔玛加强了它的仓库和分销系统，它就可以攻入凯马特的领地。"适者生存"决定了这场经典战争的结果。

两个品牌无法占据同一个位置

在生存斗争中，没有两个物种（或两个品牌）能占据同一个位置。如果它们企图这样做，其中一个物种（或品牌）会迫使另一个走向灭绝。

在长期来看正确的道理，在短期往往很难看清。一次明智的促销、好运气，或者其他营销奇迹在短期内可能都会推动品牌，但除非品牌最终找到一个有效的战略，否则就会在长期中销声匿迹。

就拿米勒淡啤（Miller Lite）来说，在经历了数年市场份额下滑之后，这个品牌最近宣布有些许回升，这得归功于它推出的"低热量"运动。（现在人人都在讨论低热量饮食。）

但是低热量对大众市场品牌来说是切实可行的长期战略吗？如果米勒淡啤想和百威淡啤(Bud Light)和库尔斯淡啤（Coors Light）保持在同一阵营，它就需要一个主流概念，靠"健康啤酒"是不行的。

特别是米克劳（Michelob）Ultra 已经抢先上市，聚焦于低热量，比米勒淡啤的热量更低。Ultra 就是低热量啤酒的首选。米勒在短期内或许会有一些销量，但从长期来看，它肯定会回到开始的原点。

拯救原有品牌只是其中一个方面，另一方面就是创建新品牌。为了拯救品牌花费了太多的时间和精力，而这些相同的资源若投注在新品牌上可能会取得更大的效果。

达尔文相信所有生物（植物和动物）之间必定存在联系，有源自某个原始祖先的共同血统。如果是这样，分化的数量就太吓人了。如今我们知道的现有物种有 170 万种，其中 5 万种有详细的描述。地球上生长的物种数量估计有 1 000 万至 1 亿种，而这个数字只是其中的一小部分。

这个数字还没有包括历史上已经灭绝的数百万物种，如恐龙、猛犸和其他很多生物。也许已经灭绝的物种比现存物种更多。在品牌的世界里也是如此。

“美丽和令人惊叹的无穷无尽的形态”

分化造成了生命形态的增加，这可以被看成是一股积极的力量。达尔文在《物种起源》的最后两句话概括了他对生命的看法：“这样，从自然界的战争中，从饥饿和死亡里，产生了自然界最可赞美的东西——高等动物。认为生命及其种种力量是由大自然注入少数几个或仅仅一个类型中去的，而且认为地球这个行星按照地球引力法则旋转不息，从最简单的无形物体演化出如此美丽和令人惊叹的无穷无尽的形态，而且这一演化过程仍在继续，这才是一种真正伟大的思想观念。”

看看 50 年或 100 年前没有的无尽形态的产品：电脑、手机和数码相机；淡啤、健怡可乐和能量饮料；松饼、冷冻脱水咖啡和酸奶酪；微波炉、有线电视、录像机和 DVD。

研发实验室在未来还会继续开发出丰富的新产品吗？当然。

事实上，如此美丽和令人惊叹的新产品还会大量出现。每个新产品都是推出一个新品牌的良机。

新品牌能带给你的财富远远超出你的想象，但首先你要能抵挡住融合潮流的诱惑。

THE ORIGIN OF BRANDS

定律 5

时钟收音机的诅咒
The Curse of the Clock Radio

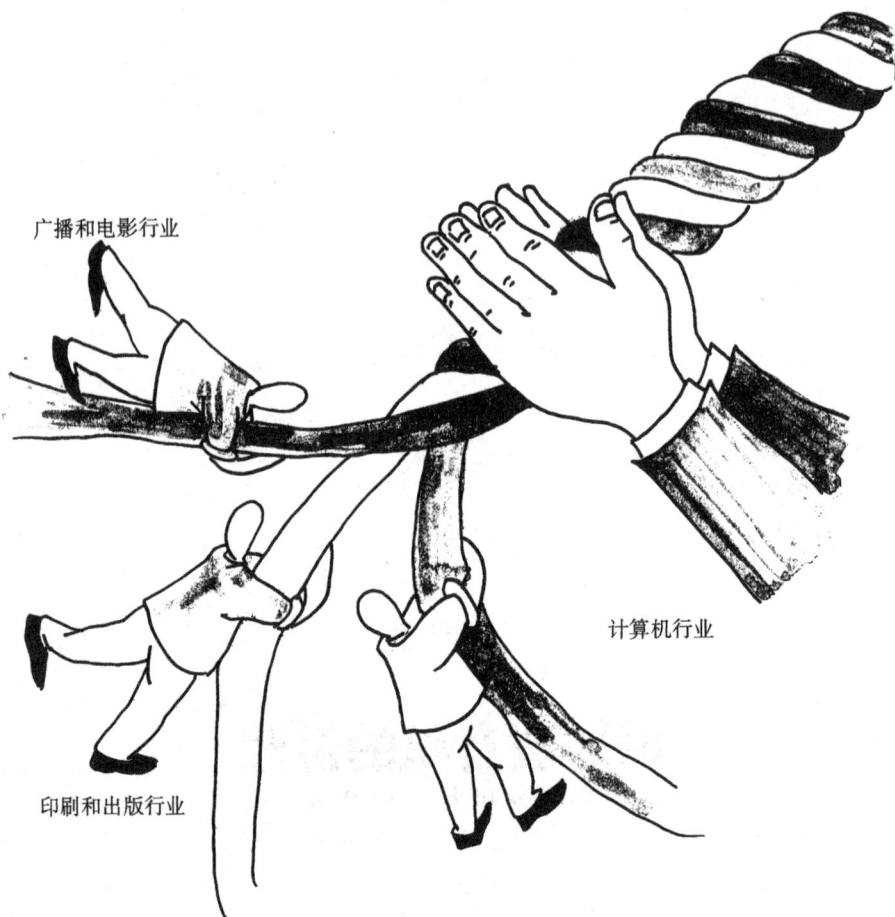

广播和电影行业

印刷和出版行业

计算机行业

　　M.I.T. 媒体实验室的创始人用了一张图来展示三大主流行业的未来融合趋势。

时钟收音机带来的破坏比所有政府机构和华尔街的投资银行家加起来的破坏还要大。

无所不在的时钟收音机的成功令原本理智的商业领袖们确信未来属于融合这一概念。

既然时钟可以和收音机融合成一个有趣并且有用的设备，那么如果所有产业都融合在一起会发生什么呢？

斯卡利做了什么

有人把对最近融合兴趣的激增归功于（或者归咎于）1992 年 9 月 15 日《纽约时报》上的一段采访："苹果公司主席约翰·斯卡利（John Sculley）宣称在后工业时代，四大巨头产业（计算机、消费电子、通信和信息）会融合在一起。"

"斯卡利先生描绘了一个新兴产业，他说在 10 年内该产业将带来 3.5 万亿美元的业务。"

"他说，这个产业将超过美国、加拿大和墨西哥经济总规模的一半。"

次年，《华尔街日报》也加入了融合的潮流："这些日子，计算机、通信、消费电子、娱乐和出版这全球五大产业的领先企业都感到震惊。在相同的技术（随着更廉价地以数码形式传送大批量影视、声音、图片和文字的能力的不断提高）冲击下，这些产业正在转型和融合。"

同年，《财富》评论了太平洋贝尔公司（Bell Atlantic）对电信通信公司（Tele-Communication Inc.）的收购提议，对融合推波助澜："融合将成为今后的热门词。不仅仅是宽带和电话公司的合二为一，它还关乎（电信（包括长途业务公司）、宽带、计算机、娱乐、消费电子、出版，甚至零售业）这些主要产业的文化和公司融合成一个超级大产业，为家庭和办公室提供信息、娱乐、商品和服务。"

也在同一年，《纽约时报》对融合也充满激情："数码融合不是未来的期望，或者众多选择的一个，它是疾驰的列车。信息的所有形式（包括情感传递）的数字化已经证明其本身是正确、经济、环保、普遍适用、易用且如同光速一般快速的。"

《纽约时报》上近期一篇文章的标题如下："随着两个强大产业的融合，巨变将要出现"，文章写道："媒体和技术的融合早前就被预测，但仍未实现。现在终于显现出征兆——高速互联网大大提高了融合的可能性。"

说到做到

此外，很多主流出版物也说到做到。《华尔街日报》出版发行了一本叫做《融合》（*Convergence*）的夹带杂志。《商业周刊》（*Business Week*）举办了一场题为"全球融合峰会"的年会。

道琼斯在伦敦举办了一场题为《华尔街日报欧洲版》年度CEO融合技术峰会"的年会。第七届年会的发言人包括戴尔公司的CEO迈克尔·戴尔和曾经担任康柏公司CEO、时任美国世界通信公司（WorldCom）CEO的迈克尔·卡佩拉斯（Michael Capellas）。

1999年，《福布斯》杂志发行了一期名为"伟大的融合"的特刊。这一期的专栏作者写得有些过火："伟大的概念已经多次改变了我们。人类的历史也可以按照这些概念出现的日子进行划分：火、动物驯养、耕作和贸易、民主、帝国、君权神授、透视、牛顿力学、自由、量产、民族国家、进化和相对论、裂变、抽象、数字化、平等。我们这个时代的新兴概念是融合，它是世纪之交的支配性力量。"

民主、自由、平等、融合？你觉得这4个"伟大的概念"中哪一个与其他概念格格不入？

融合 vs. 分化

这是如今营销领域最重要的问题。你所选择的道路对你的品牌的成功有着重大意义。

创建一个新品类并确保你的品牌名能在顾客的心智中代表这个新品类并非易事。特别是在今天的环境下——产品设计和研发的重点并不在于创建新品类，而是合并既有品类。

如果品类融合，那么现有的品牌（和拥有这些品牌的公司）就会变得更加强大。如果掌上电脑（或者说 PDA）与手机融合（如很多权威专家所预言的一样），那么 PDA 兼手机的市场就有可能被 PDA 的主导品牌 Palm 主导，或被手机的主导品牌诺基亚主导。

如果品类分化，那么新品牌就有了机会。

你知道我们相信哪一种观点。虽然媒体压倒性地宣扬融合，我们还是坚决相信融合不会发生。技术不会融合，而会分化。幸亏技术分化，否则要创建新品牌就几乎不可能了。

在最好的环境中，打造品牌也绝非易事，更不必说如今融合哲学大举侵入了公司的心智。

炒作大行其道

乔治·奥威尔曾说过，有些概念实在是太愚蠢，只有知识分子才会相信。

融合就是其中一个概念。互动电视是融合论者最青睐的东西。

据未来主义学家费丝·波普康（Faith Popcorn）说："在将来某一天，我正在观看《甜心俏佳人》，我喜欢艾丽·麦克比尔（Ally McBeal）穿的外套，于是我把手放在电视机屏幕上。她会中断节目并且对我说，'费丝，你喜欢我的外套吗？''是的，'我回答道，'我喜欢。'她会说：'有这些颜色。'我告诉艾丽我想要深蓝色或者黑色，或两个颜色都要。她说：'不，费丝，你衣橱里已经有很多深蓝色和黑色的外套了。我觉得这次你可以尝试红色。'我说好的，第二天符合我的尺码的红色外套就送到我家了。"

当被问及这一设想什么时候能实现时，波普康女士回答说："在接下来的 5 年之内。"（艾丽走了，费丝·波普康也再无机会体验艾丽的私人购物服务了。）

事实上，融合概念得到了知识界的一致支持。这里有几个例子：

■ 《未来的冲击》（*Future Shock*）的作者阿尔文·托夫勒（Alvin Toffler）说："如今我们又一次向后融合挺进——这一次是以超级加速的速度。"

■ 《大趋势》（*Megatrends*）的作者约翰·奈斯比特（John Naisbitt）说："所有东西最终都会走到一起。这将创造出我们耳闻已久的电信革命。以下是正在融合的概念和媒体：光纤、互动、数字、无线、电脑、娱乐、电视、电脑软件、电话、多媒体、手机、全球化、寻呼机、虚拟世界和网络。"

■ 《成功之本》（*Seeds of Greatness*）的作者丹尼斯·威特利（Denis Waitley）说："最近我们步入了一个伟大的历史关键点，它将永远改变社会的运转方式。一个勇敢而全新的世界就在这里。"

■ 宽带领域的先驱约翰·马隆（John Malone）说："媒体、电脑和电信正在融合成一个价值亿万美元的全球信息产业。"

■ 莲花开发公司（Lotus Development Corporation）的创始人米奇·卡普尔（Mitch Kapor）说："认为电信和宽带是两个独立产业的观点已经过时了。"

■ 微软主席比尔·盖茨说："个人电脑和消费电子产品的市场融合是一个巨大的契机。越来越多的消费设备正变得和电脑一样强大，彼此关联而且可以编程。所以开发让这些设备协同工作的软件就变得尤为重要。"

- 数字设备公司的前任 CEO 鲍勃·帕尔默（Bob Palmer）说："电脑、电信、出版、教育、娱乐和消费电子产业正在融合。这些产品和服务之间的差异正在迅速消失。"

- 麻省理工学院媒体实验室的创始人兼执行总监尼古拉斯·内格罗蓬特（Nicholas Negroponte）说："不要担心电视和电脑之间的差异，将来这两者将没什么差别。"

- 互动公司（InterActive Corp.）CEO 巴里·迪勒（Barry Diller）说："人人都知道电视、电脑和通信网络正飞速成为一个无缝实体。"

你能相信吗？丹佛市正把自己推广成融合走廊。《福布斯》杂志上有这样一则广告："就在此地，就是现在，在科罗拉多州的丹佛市，公司们正把声音、数据和视频结合在一起（融合），实现更快更可靠的全球互动。这一切都发生在这个把自己重新定义为 21 世纪的融合走廊的城市。"

伊利诺伊州也不甘示弱，它自称"经济融合"，描述如下："经济中的不同技术平台正在融合，推动了商业的成功，并为将来创造了新机遇。为了在这种富有挑战的商业动态中蓬勃发展，公司正在寻求一个能提供坚实后盾并支持产业融合的州。伊利诺伊州正是产业融合的地方。"

凯斯支持融合

美国在线（America Online）的前任 CEO 史蒂夫·凯斯（Steve Case）是最早支持融合，也最热切坚信融合的人之一。据《纽约时报》报道："他打电话给莱文先生（时代华纳的 CEO），向他描述了未来媒体和互联网融合在一起的景象——个人电脑、电视和电话会成为新型信息和娱乐服务的并行数字通道。"

"我的动机是让美国在线利用好融合时代的这一机会。"凯斯先生解释说。

《今日美国》（USA Today）大肆宣扬了这项合并案的好处："美国在线和时代华纳的联姻是走向曾经只在科幻小说中见到的未来的一大步。"

《福布斯》杂志这样评价凯斯合并案："他描绘了一幅以顾客为中心的庞大画卷（如果这不会在术语上造成矛盾的话），它将成为媒体、通信、零售、金融服务、健康保障、教育、旅游行业中的一股力量，这股力量会与来自从报纸、电视、广播电台到电话公司、银行、经纪公司、汽车经销商、旅行社、当地照相馆、街角酒吧等的事物展开竞争。'对越来越多的人来说，互动性将成为他们日常生活中越来越主要的一部分，'凯斯说，'我们公司已经极佳地定位于变革的中心地带。'"

极佳的定位？史蒂夫·凯斯走了，杰瑞·莱文也走了，但融合还是在那里。

2000 年 2 月 7 日，美国在线和时代华纳两个公司的市值加起来有 2 400 亿美元。现在这个公司（合并后简称"时代华纳"）的市值只有 760 亿美元，贬值了 68%。

支持融合的公司

融合得到了电子产业的坚定支持。当然，电子产品不仅是个产业，它是国家经济的前沿。电子产业进步了，国家也进步了。

- 索尼。据《广告时代》报道，索尼公司刚刚完成了一项彻底的重组，"以利用消费电子、信息技术、通信和娱乐融合的机会"。

  2004 年在巴黎召开的"索尼梦想世界"年会上，索尼美国公司主席霍华德·斯特林格（Howard Stringer）先生说："在欧洲，我们是一个硬件品牌，而不是一个融合品牌。我们努力展现我们的数码融合领先地位，我们也将永远战斗在这个战场上。"

当被问及法国版的融合公司维旺迪环球公司（Vivendi Universal）的倒闭时，霍华德先生答道："维旺迪正在退出这项业务，但还没有人让我们也退出。"

据《纽约时报》上的一则报道："霍华德坚信，融合概念在索尼公司已经深深扎根，体现于影视业和唱片业务的执行官以及视频游戏设计师与工程师之间的无数合作中。"

继续做美梦吧，霍华德先生。

■ **三星**。三星一则电视广告的标题是"让数码融合展现活力"。

广告说："无论你身处何地、你是谁、从事什么工作，三星全数码将要兑现让数码融合展现活力的承诺。电视可以用来上网（也可以用来观看你最喜欢的电视节目的精彩片段）；冰箱冷藏食物（也可以在你站在炉子边时用来观看由 DVD 无线传输的辣味烹调 DVD）。电话除了听和说之外，还能让你看到图像。"

三星电子的副主席尹钟龙说，技术融合将彻底改变我们的社会。他说："技术的进步将使网络无处不在。"他相信在未来社会，网络、设备和时间之间的差异和对个人的限制将不复存在。

乘小猎犬号⊖去旅行吧，尹先生。进化正朝相反的方向进行，是走向分化，而非融合。

■ **飞利浦**。当时欧洲最大的电子公司正在贯彻一个相似的战略，称为"联网家庭"（Connected Home）。它的战略是："将公司定位成从独立的设备转向将智能组件植入家具、服饰、窗户和墙体的智能网络的领先者。"

飞利浦公司称，在联网家庭，"设备通过无线和互联网技术联系在一起，它们之间可以通话并交换数据"。例如，飞利浦的宣传册上说："如果有人在客厅看电影时想要去厨房做爆米花，

⊖ 1835 年英国皇家海军小猎犬号双桅帆船载着 26 岁的达尔文开始了伟大的发现之旅。——译者注

那么电影就会不中断地跟着他。"

- **微软**。全球最大的软件公司目前正投入巨大精力研发能够把所有东西连接起来的软件。《财富》杂志说："作为主席和首席软件设计师的比尔·盖茨决定让微软的代码应用更普遍，通过软件网络将各种电脑、通信和消费电子设备都连接在一起，使得整个互联网和连接在网上的所有设备成为一个单一的可编程实体……这就意味着设法将微软代码植入手机、游戏机和其他消费设备以及几乎所有有电流的设备中。这样只要花少数的人力维护，这些设备就能一同运作。"

- **英特尔**。这家全球最大的芯片公司最近宣布一种新型的硅片"能模糊电脑和通信的界限"。

    "它是我们迈向已经讨论多年的融合之路的又一步。"英特尔公司总裁保罗·欧德宁（Paul Otellini）说。

    "过去有两个世界，电脑和通信，"贝尔实验室前物理学家艾伦·黄（Alan Huang）说，"现在它们将成为同一个世界，在任何地方我们都将有强大的计算机。"

- **联想**。联想是中国最大的个人电脑生产商，它刚刚推出了Supremia2，该产品跨越了电脑、音响和电视之间的区隔。中国家庭可以用 Supremia 2 观看电视节目、看照片并管理家庭账户。

    联想公司的产品已经涵盖了数码相机、笔记本和掌上电脑，它相信融合能增强它的优势。

    有趣的是，生产一系列产品的公司（索尼、三星、飞利浦和联想）都坚信融合。

    管理层看着公司的产品线，一心想着怎样才能把这些东西融合到一起。

- **NEC 公司**。自 1977 年以来，日本 NEC 公司一直致力于它的"电脑和通信"融合概念，简称"C&C"。它是前任 CEO 小林宏治（Koji Kobayashi）钟爱的项目，C&C 几乎成为 NEC 公司内部的宗旨。

几年前，另一个前任 CEO 金子尚志（Hisashi Kaneko）预测说："将来会出现个人电脑和其他电子产品之间的融合。在未来 10 年内，所有这些技术将融合在一起。"

■**日立**。日立公司数年前刊登在《华尔街日报》上的一则广告标题为"电脑、通信和信息内容之间的融合会通往何处？"（我们认为，哪儿也到不了。）

■**西门子**。公司网站就已经道出了全部：www.simens.convergence-advantage.com。

■**佳能**。为什么佳能公司要推出一系列个人电脑来补充其复印机和照相机产品线呢？公司副总裁说："佳能涉猎个人电脑领域是为了利用电脑、影印、复印和传真的技术融合。"

这一趋势在 2004 年拉斯维加斯的展览上达到白热化程度。这一展览吸引了超过 11 万参观者和 2 500 个参展商。《新闻周刊》（Newsweek）报道说："在上周的拉斯维加斯消费电子展览上，到处都是谈论已久的'数码融合'产品。"

在拉斯维加斯的展览上，日本电子业巨头围绕一个称为"无处不在"的融合主题。《华尔街日报》报道说："从狭义上说，'无处不在'指的是传输信息的工具所组成的网络，而日本公司在这些信息传输工具上也最为出名……但知情人士都知道，'无处不在'描绘的是一幅壮观的景象——从土豆到人到垃圾，所有东西都连接到一个随时随地能够接入的大网络上。"

时钟收音机做了什么

无处不在的时钟收音机是否是这些疯狂的融合概念的开端？如果

是，那或许还值得再看一下融合的这个种子产品。时钟收音机确实是如它看起来那样的革命性产品吗？

世界上有多少时钟可以收到无线电信号？很少。

世界上有多少收音机具备时钟功能？很少。

时钟收音机并没有受到普遍欢迎，尤其是酒店房间里的时钟收音机，似乎美国人都不知道怎么用。"我有工业工程领域的硕士学位和工商管理硕士学位，"一个用户说，"当我走进房间后做的第一件事就是关掉收音机，确保它不会在半夜用路况报道叫醒我，因为前一位顾客把闹钟设在早上四点。"

另一个用户则设法请求酒店的帮助。"我晚上去前台询问如何设置闹钟。前台的两位服务员都说有很多人询问这个问题，但是他们也不知道如何设置。"

不仅是时钟收音机让融合概念的狂热者们感到兴奋，另一个设备起到了更大的影响。

THE
ORIGIN
OF
BRANDS

定律 6

瑞士军刀式思维
Swiss Army Knife Thinking

　　从不错过任何一个趋势，绝对伏特加用这样一个广告跃入融合概念。

每个男子汉都有一把瑞士军刀，但你还记得上次看到有人用
瑞士军刀上的剪刀剪东西是什么时候？上次看到有人用上面的螺
丝刀拧东西是什么时候？上次看到有人用上面的镊子夹东西是什
么时候？

市场上有很多瑞士军刀式的产品。它们得到了公众的关注，抓住
了大众的想象力。它们被数百万地购买，接下来的几十年都被闲置在
梳妆台的抽屉里。

瑞士军刀式的思维在美国公司里大行其道。（绝对伏特加在它著名
的"瓶子"广告中也庆祝了融合概念。）

美国规模最大、最令人兴奋、最有活力的三大产业是什么？大多
数人或许会说是电视、电脑和互联网。好极了，那为什么不把你的电
视和电脑与互联网组合在一起？于是呼声四起，互动电视就是未来的
浪潮。

以下是一些浪潮。

微软版互动电视

1997 年，微软以 4.25 亿美元收购了 WebTV 电视网，此后的投入
额超过 5 亿美元。结果很凄凉。如今，WebTV（名字现已改为 MSN
TV）拥有约 100 万的注册用户，相比于美国使用中的 1 亿电视机用
户，实在是微不足道。

微软显然已经沉迷于融合。"比尔·盖茨已经成为信息时代的亚哈
船长⊖了吗？"《纽约时报》问道："盖茨先生的白鲸仍然是一个难以捉
摸的有线机顶盒，微软公司希望通过将个人电脑、互联网和电视机组
合成一个庞大的起居室娱乐和信息机器，借此再造个人电脑产业。"

同一年，微软投资了 10 亿美元购入 Comcast 公司 11.5% 的股份，

⊖ 《白鲸记》中执意要找到白鲸的蛮横船长。——译者注

后者是当时全国第四大有线运营商。据《纽约时报》报道："Comcast
将成为盖茨先生测试他对于融合世界构想的苗床。"

但那仅仅是个开始。1999 年，微软向美国电话电报公司（AT&T）支
付了 50 亿美元，获得了将微软电视软件装入 1 000 万台 AT&T 机顶盒的
合同。但是 AT&T 提供服务的机顶盒没有一个装过微软电视软件，而且
由于 AT&T 已经退出有线业务，这一合同又成为融合的一条死胡同。

微软还在继续尝试。继 WebTV 的冷淡反应之后，微软又转向了超
级电视（UltimateTV）。相比微软为电视迷们设计的这个产品，时钟收
音机根本不算什么。

使用超级电视所需要的费用包括 DirecTV 卫星订购费（每月
22 ~ 83 美元）、一个能同时收到两个频道的屋顶特殊接收器（50 美
元，外加 200 美元的安装费）、一台能录像 35 小时的卫星接收和数字
录像机（399 美元）和超级电视订阅费（每月 9.95 美元）。当然，你用
自己的电视机，就可以省钱。

你可以用超级电视做什么？什么都可以，它是电视中的顶级产品。
你可以录下 35 小时的电视节目，可以暂停并即时重放实时电视，可以
同时观看和收录两档节目，还可以在看电视的同时发邮件、在线聊天。

弗雷德·艾伦（Fred Allen）曾说过，电视是 85% 的混乱和 15%
的犯罪。超级电视可能会导致 100% 的混乱。"如果在录像机上安装
时钟让你很头痛，"《财富》杂志报道说，"超级电视会引发全面的神
经崩溃。"

美国在线版互动电视

在和时代华纳合并之前，美国在线就是融合的强烈支持者之一。
1999 年，该公司在休斯电子公司（Hughes Electronics）投资了 15 亿美
元，获得在 DirecTV 卫星服务中播放美国在线电视（AOLTV）的权利。

2000 年 7 月，美国在线推出了美国在线电视服务，售价 249 美元的机顶盒能让用户在看电视节目的同时发送即时信息、阅读电子邮件、在线聊天和浏览网页。每月支付 21.95 美元的美国在线用户只需再支付 14.95 美元就可以收看美国在线电视。非美国在线用户除了支付机顶盒的费用之外，每月还需支付 24.95 美元。

支付所有这些花费，你能用美国在线电视做什么呢？《今日美国》的设想如下："想象你坐在沙发上，在整面墙大小的等离子电视上观看由《烹饪之光》（Cooking Light）杂志制作的节目。美国在线时代华纳公司提供了数字版的菜谱。你把菜谱发送给冰箱，冰箱就会知道你需要牛奶，并到网上订购。"

《今日美国》称互动电视为"美国在线时代华纳公司的圣杯。它终将使电视观众能够通过电视屏幕进行通信、购物、玩游戏、获取信息、订阅新闻和娱乐节目"。（也许我们这样说很冒犯，但我们要指出两千年以来还没有人找到"圣杯"。）

可能和你预期的一样，美国在线电视现在出现了缺漏，并且不再接受新的用户。

NASCAR 版互动电视

如果你是目前由时代华纳、Cox 和 Comcast 共同推出的全国运动汽车竞赛（NASCAR）赛车服务的用户，你可以从 7 个不同赛车手的车舱观看比赛。你可以在一个特制的遥控器上按一个按钮，把电视画面从一个赛车手的角度转向另一个赛车手的角度，或者观看节目的标准播放画面。

一个月支付约 20 美元，你就能置身于赛车手的位置上，甚至还能听到他与指挥人员的对话。当新鲜感过后，当你因为观看角度不对而错过了一次大撞击，当你宁愿坐在沙发上吃爆米花喝啤酒，而不是按着遥控器上的按钮，你可能会对互动电视的价值有别的看法。

融合的支持者会说，时代已经改变了。尤其是年轻人，希望和电视这样的娱乐媒介发生互动。行业专家提出，像雷霆纳斯卡赛车（NASCAR Thunder）那样的电视游戏的成功就是证明。（相比于在电影等被动媒介的投入花费，在视频游戏这样的互动媒介上的投入要更多。）

确实如此。当你玩纳斯卡赛车游戏时，你是赛车手，可以控制车辆；当你观看全国运动汽车竞赛时，你什么也控制不了，你只不过是个指手画脚的人。

"人们并不想被动地观看电视，"美国电影协会（American Film Institute）的新媒体投资公司总监尼古拉斯·德马蒂诺（Nicholas DeMartino）说，"老年人想要被动，但年轻人在看电视的同时还会做很多事情，浏览网页或者打电话。"

老年人常常在看电视的同时看杂志，但他们并不想让杂志内容显示在屏幕的这一半边，电视节目显示在屏幕的那一半边。

年轻人也并不是因为想同时使用几个设备而想要将电视和电话、互联网融合起来。当你试着融合时，就要付出代价，这个代价通常是简单性、灵活性和易用性。

ABC 版互动电视

"我们相信互动电视，"美国广播公司加强型电视（Enhanced TV）部门的总经理里奇·曼德勒（Rich Mandler）说，"因为它能使电视和广告更生动。"他的理由是，让消费者在观看排定的节目时有互动的事情可做，这样他们就会观看电视节目、广告和所有其他东西。

验证这一理由的第一个节目是《名人摩尔 II》（Celebrity Mole II），该节目于 2004 年 1 月首播。美国广播公司也提供其他解释节目的简单互动版本，但大多数都需要用双屏幕观看。观众在电视屏幕上观看常规节目，同时用电脑在美国广播公司的网站上获取额外的内容。

《名人摩尔II》是与众不同的，但是你需要有运行Windows XP多媒体中心软件的个人电脑才能获得所有节目内容。个人电脑中的电视卡接收标准播放图像，网站提供附加的图像。

听起来很复杂，事实上也的确很复杂。此外，有多少观众愿意在轻易按动遥控器就能观看电视节目时，费劲去启动电脑观看电视节目呢？

《新闻周刊》版互动电视

《新闻周刊》杂志对未来电视是这样描述的："你回到家，抓起遥控器。当你开始解领带脱袜子时，顺便看看画面，你的个人电视导航就告诉你最新的节目。你找出孩子放学后看的节目，听到花店的提醒：给安妮丝阿姨生日送鲜花的时间到了，这束花可以吗？你看了看当天发出的汤米的报告卡，还有今晚可以选择观看的电影清单，这要看你有多喜欢《纯真年代》（*The Age of Innocence*）。你点击今天早上选择的如何烹饪红酒葱烧牛肉节目，你已经收到了所有的配料，因为节目自动把材料清单传真给西夫韦（Safeway）⊖，它已经送货上门了。"

这都是天花乱坠的宣传，事实完全不同。互联网是一个主动媒体。在用户敲击电脑键盘之前，什么都不会发生。互动性是互联网的本质要素，而电视则是被动媒体。

融合从根本上就是一个有漏洞的概念，但是当设法将一个主动媒体（互联网）和一个被动媒体（电视）结合起来时，这个概念就更糟糕了。

电视迷会愿意长时间放下百威淡啤去变换摄像机的角度或浏览网页吗？我们可不这么认为。电视导演这么做会获得报酬，但是普通观众却一无所获，他们为什么要这么做呢？

⊖ 美国连锁超市。——译者注

令人震惊的是，互动电视的概念已经存在很长时间，却几乎没有任何进展。华纳美运有线电视公司（Warner Amex Cable）于 1977 年在哥伦布市的俄亥俄州推出了第一个互动电视系统 QUBE，但那是 27 年之前了。

1903 年，莱特兄弟实现了第一次飞行。24 年之后，查尔斯·林德伯格（Charles Lindbergh）独自飞越大西洋，自此飞机被视为可做飞行的运输工具。在莱特兄弟首飞的 27 年之后，美国航空公司、美国东方航空公司和美国环球航空公司开始载客飞行。

互动电视在发明 27 年后有什么发展吗？可以确定的是，它还没做好飞越大西洋的准备。

半互动电视

甚至半互动电视也没有做得很好。TiVo 和 ReplayTV 于 1999 年推出之后就广受关注。用这些被称为"个人录像机"的很酷的电子产品，观众只要按下按钮就可以跳过广告录下电视节目。

迈克尔·刘易斯（Michael Lewis）在《纽约时报杂志》（*New York Times Magazine*）2000 年 8 月 13 日那一期写了一则封面故事。他认为 TiVo 的创办会终结大众市场。"1999 年 8 月 4 日是美国人生活中另一个社会力量（大众市场）终结的开始。"作者还预计，到 2002 年年末，将有 500 万～700 万台个人录像机投入使用。10 年之内，将达到 9 000 万台。

麦克·华莱士（Mike Wallace）在《60 分钟》（*60 Minutes*）节目中长时间赞扬 TiVo。（之后的周一，TiVo 的股价上涨了 27%。）

在推出 5 年后，TiVo 的注册用户还不到 100 万，而整个个人录像机行业的用户也只有 200 万左右。

TiVo 和它的模仿者能幸存下去吗？毫无疑问。对相当一部分观众来说，个人录像机是那些"没有它就活不下去"的服务之一。TiVo 的出现意味着大众市场的终结吗？不可能。

有太多的商业领导者过于极端地看待每个技术突破，"要么万能，要么一无是处"。TiVo 要么失败，要么终结大众市场。

事实常常介于两者之间。尽管融合概念可能不入主流，也不代表发展趋势，但它还是有自己的市场。趋势几乎总是与分化的方向一致。我们预测，个人录像机市场份额最终大约会占电视市场的10% ～ 15%，与超市的自主品牌所占据的市场份额相当。

使得融合概念看起来很成功的原因是这个概念能产生大量的公关活动。无论融合产品多么微小，每个产品发布时都伴随着大量的有利公关。

互动电话

《经济学人》（*The Economist*）4 年前报道说："似乎人人都认同手机将会迅速取代个人电脑，成为上网的工具。"根据福里斯特调研公司（Forrester Research）的调查报告，到 2005 年，在当年 1.77 亿手机用户中，将有 97% 能获取无线上网服务。

没有人问过我们这个问题，但我们认为这种情况也不太可能发生。手机兼具上网的设备很复杂，很难使用。它们的屏幕很小，只适合发送短信和简单的图片。㊀

欧洲的电信产业已经大举进军互动电话领域。为了研发下一代互动电话（就是所谓 3G 电话）的系统，该行业已经严重负债。《纽约时报》报道说："早期购买许可证和建立网络的疯狂热潮，使电话运营商们背负了约 3 300 亿美元的巨额债款。"（运营商能否赚回成本投资也值得怀疑。）

㊀ 此处是指手机"传统上网"功能。——译者注

为了证明此项投资的合理，电话运营商很快引用了日本 NTT 移动通信网公司（NTT DoCoMo）推出的 iMode 服务所取得的成功。它是全球成长最快的电话服务，约有 4 000 万注册用户。

有了 iMode 服务，你可以接收短信、购票、下载手机铃声。从理论上来说，你可以用 iMode 手机浏览网页，但你看到的只是网页的一小部分，你所看到的内容也可能毫无意义。

大多数用户在使用 iMode 服务时，将时间都花在浏览大约 3 000 个 iMode 网页上，这些网站由约 2 000 个左右的互联网内容运营商提供。看起来正在发生的是一个典型的分化过程，即 iMode 网站从传统的互联网上分化出来。

今后将不只有一个互联网，而是有两种网站：传统的互联网网站和可以通过手机访问的缩减版"iMode 类型"的网站。

智能手机

瑞士军刀式思维的例子还有智能手机。它把掌上电脑和手机及互联网服务结合在一起。很多智能手机还融合了数码相机。所有主流手机生产商都在推销这种手机，包括诺基亚、摩托罗拉、三星、西门子和日立。此外，Handspring（现在隶属于掌上电脑公司 PalmOne）等掌上电脑的生产商也推出了智能手机。

像诺基亚的新 N-Gage，当手机与视频游戏机和 MP3 播放器集合在一起，会变得多智能呢？有多少青少年游戏玩家买得起 300 美元的手机？额外还要每月支付 25 美元的通话费、10 美元的在线游戏费、30～50 美元的新游戏下载费，还有 50 美元的一张多媒体卡用来听 MP3。同时，便携式游戏机的黄金标准，任天堂 Advance SP 售价 100 美元，已经卖疯了。

一些生产商还在手机上增加了键盘，并称为通信设备，而不是智能手机或者手机。比如说诺基亚 9210 通信机，它是一个手机、掌上电脑、无线邮件收发设备，还能上网，可以连接到数码相机上。它还安装了 Word、Excel、报告浏览器和文件管理器等软件。你还需要什么？

简单、可靠、方便、低成本、易操作、体积小、重量轻、防过时，这些性能如何？

每个月花 10 美元在手机上收看电视有多明智？ Sprint 公司正在推出一项叫 MobiTV 的新服务，宣传说"随时随地看实况电视"。或许正如一个用户评论说："有时，某地，看实况幻灯播放。"

我们在书中对 iPhone 的预测似乎没有应验，iPhone 如今成为过去 10 年中最成功的高科技产品之一。但这并不影响我们提出的一条基本定律：未来属于创造新品类的产品，而非那些将现有品类融合起来的产品。我们仍然对之深信不疑。

iPhone 创造了一个叫做"触屏智能手机"的新品类。所以，现在手机有了三个品类：①主要用于通话的传统手机；②主要用于消息传送的带键盘的智能手机；③主要用于浏览网页的触屏智能手机。

我们未能考虑周全的是谷歌、脸谱、推特和其他社交网站的兴起。这一趋势成就了主要用于浏览网页的触屏智能手机。

分化仍然在手机领域不断发生。触屏智能手机正在分化成两个品类：一个在高端市场，一个在低端市场。苹果公司也已经意识到这一发展。就在最近，苹果公司推出了两款新 iPhone：一款定位在高端市场的 iPhone 5S 和一款定位在低端市场的 iPhone 5C。

没人可以完全准确地预测未来，你唯一能确认的事情就是：分化是未来的趋势，未来会有更多的分化，出现更多的品类和更多建立新品牌的机会。

转移问题

如果融合科技将占主导地位，那么它必定会从潜在顾客群中吸引用户。

谁最有可能购买手机和掌上电脑的融合产品？笼统地讲，有两类潜在顾客。第一类是"灯塔顾客"[⊖]，通常来说，这类人是所有新技术的主要目标群。你能想象，这些人没有手机或掌上电脑吗？我们无法想象。

此外，这些灯塔顾客很有可能拥有最新的手机或掌上电脑。这意味着如果他们购买融合产品的话，他就要扔掉一部完美的手机和一部完美的掌上电脑。有多少人会这么做？

第二类人是既没有手机也没有掌上电脑的潜在顾客。这部分人大多数收入低，且不成熟。我们大部分人先学会走，然后才学会跑。真的有人指望没有手机和掌上电脑的用户冲出去买一部五六百美元的融合设备吗？

转移问题不会影响到的一类人是专栏作家，他们为这些融合产品撰写热点评论。他们早已免费得到了所有可能会用的产品。对这些专栏作家来说，把免费手机和免费掌上电脑丢进抽屉，用免费的融合产品，可没什么问题。

转移问题甚至影响到一些实用的融合产品。没有电视机或者显示器，DVD 播放机就没什么用处。你可能认为大多数人会购买电视机和 DVD 播放器的融合产品，而不是单独购买两种设备，但是顾客不会这么做。

走进百思买（Best Buy）或者 Circuit City 电器店，看看人们是怎么做的。大多数人进店购买一台新电视机或一台新 DVD 播放机以取代旧的设备。很少有顾客会同时买两种产品。如果生产商能找到办法

⊖ 早期尝试者或灯塔顾客对新生事物和新技术非常敏感，喜欢新的尝试，对价格不敏感，是潮流的领先者。——译者注

让电视机和DVD同时坏，那么融合产品或许能找到更大的市场。（奥利弗·温德尔·霍姆斯（Oliver Wendell Holmes）写的 *The One-Horse Shay* 诗中有暗示这类事情很少发生的幽默。）

照相手机

相对来说，照相手机的市场表现比智能手机好一些，这里有个原因，就是便利性因素。照相手机能让你拍照后几乎立刻通过邮件发送出去。要做同样的事，你可以用独立的数码相机和笔记本电脑或台式电脑，但是没有照相手机那么便捷。你必须把两个设备连接起来，然后打开软件。

便利性是一个强有力的激励因素，它确保了某些融合产品的成功。照相手机拍出的照片和独立的数码相机拍出来的一样好吗？不，但这并不重要，因为照相手机更便利。

另一方面，有些大单位顾虑到照相手机对员工的隐私和公司机密构成威胁，所以禁止在工作时使用照相手机。那怎么办？这些公司的员工要买一部工作时用的手机和一部下班后用的手机吗？

但是，从某种意义上说，照相手机并不是真正的融合产品，因为它没能替代数码相机。每个摄影爱好者很可能有一部数码相机外加一部照相手机。（时钟收音机也没能替代时钟。）

所有互动产品

尽管大多数融合产品都不怎么成功，很多公司还是疯狂地急着把互动性融入产品中。

- **互动汽车**。富达投资公司（Fidelity Investment）和通用汽车公司合作，让你在开车时能查看证券投资甚至交易股票。该服务通过通用汽车的 OnStar 系统提供。

■ **互动加油泵**。BP 石油公司（原英国石油公司）耗资 2 亿美元在 28 000 个加油站安装了连接网络的加油泵，这样驾车者在给汽车加油的同时还能往脑袋里装新闻标题和路况报告。

■ **互动家庭**。《今日美国》的母公司 Gannett 公司在 ZapMedia.com 公司投资 2.7 亿美元，这家网络公司研发了一种将互联网接口与硬盘、DVD/CD 播放器和 MP3 播放器连接起来的电器。电视观众只要用遥控器和无线键盘就能介入和储存录像、音乐、电子邮件和其他网页内容，这些资料随后可以导入电视机、收音机、个人电脑和其他设备。

■ **互动钢琴**。你可以用雅马哈和卡西欧互动钢琴下载演奏文件，键盘会随着乐谱发光，想要成为钢琴家的人就会知道这些曲目是怎么演奏的了。

■ **互动手表**。每月花 10 美元，你不仅能知道准确的时间，而且还能获得体育、新闻、天气、股价咨询以及个人短信和约会信息。Fossil、西铁城和 Suunto 生产的这类手表使用微软的个人智慧个人物品技术（smart personal objects technology, SPOT）。微软希望把 SPOT 植入闹钟、冰箱磁贴和钥匙圈中。

■ **互动玩具**。英国刚起步的 Intrasonics 公司发明了一项技术，能让玩具对来自电视机、收音机、CD、DVD 或者个人电脑的声音做出反应。例如，在电视机屏幕上出现狗时，玩具狗能摇尾巴并发出叫声。（没什么大不了，真狗早就能做到了。）

■ **互动休闲椅**。La-Z-Boy 推出了全球第一把"电子休闲椅"，该产品装有无线键盘，只要有适当的硬件，就能让你通过电视机上网。

■ **互动服装**。芬兰 Reimar 公司推出了 Smart Shout 夹克，能让穿着该夹克的人在跑步时通话。衣服的可拆卸腰带中植入了微处理器、喇叭、麦克风和电话适配器。处理器把所有人的电话储存在一个组里。把标签拉出来，对着肩上的麦克风讲话，你的声音就会被小组其他成员听到。下一步会是上网功能吗？

- **互动印刷广告**。数码融合公司（Digital Convergence Corporation）推出了 CueC.A.T，该产品能让使用者扫描印刷广告上的特殊条形码。随后你把 CueCat 扫描器插上你的电脑，电脑就直接把你带到广告主的网站。

《福布斯》杂志总裁詹姆斯·贝里恩（James Berrien）为 CueCats 感到无比兴奋，他把 CueCats 推荐给 85 万户订户："我们自豪地首次发布来自数码融合公司的 CueC.A.T 技术。这是福布斯的'第一次'，它揭开了通信的新纪元——杂志出版和数码时代的融合。"

- **互动钢笔**。高仕（Cross）钢笔推出了全新的融合钢笔（Convergence Pen），它的特点是内有扫描仪，让用户能连接到网站。

- **互动纸张**。E Ink 公司和 Gyricon Media 公司（由施乐公司的帕洛阿图研究中心分拆而来）都在研究电子纸张，这种像纸一样的薄片由数千个微囊组成，通电后能显示白色、黑色和其他颜色。E Ink 的总经理说电子纸张是广播和印刷之间的交叉产品。（这是个坏信号。）

- **互动冰箱**。三星推出了一款售价 8 000 美元的双开门冰箱，该冰箱的两扇门作为 9 英寸⊖高 11 英寸宽的平板显示器的接驳站，该显示器能连接高速互联网服务以及卫星和有线电视服务。你也可以把它和 DVD 播放机和录像机连接，这意味着你可以在 10 英寸屏幕上收发电子邮件、上网冲浪、看电视或电影以及为家人和好友留下文字或视频短信。（我们做这些杂事时用磁贴。）

- **互动洗衣机**。德国的演说专家发明了超级洗衣机。这种叫做 Hermine 的互动洗衣机能够听懂人说出来的话，比如"预洗，然后 95 度热水洗涤，以 1 400 转速脱水，并在半小时后启动"。

⊖ 1 尺寸 =0.0254 米。

- **互动汽水售货机**。2001 年 5 月，可口可乐推出了一种外表很炫的汽水自动售货机，该种售货机允诺把公司的强大品牌与互联网营销和技术潜力融合起来。这些被称为 iFountain 的自动售货机受到了技术缺陷的困扰。《今日美国》评论说："最终，可口可乐的 iFountain 试验可能是该公司自十几年前推出和撤回新可乐以来最大的营销溃败。"

- **互动厕所**。该技术融合了传统管道和用来分析成分、监控使用者的体温和血压的电子装置。（融合创下了新低。）

- **互动家电**。LG 电子推出了 HomNet，这是一种能让 LG 家电彼此交流的网络。系统的核心是一台售价 8 000 美元的互联网冰箱，是其他电器的"服务器"，整个系统包括洗衣机、微波炉、空调和数字投影电视。

你能用 3 万美元的 HomNet 系统干些什么？LG 的宣传手册中有这样一个场景：一位女子忘了按 HomNet 上的洗衣机的启动按钮，于是她在办公室登陆 www.dreamlg.com 并启动家里的洗衣机。

省点钱吧。你只用花 1 800 美元就能买一套 Salton iCEBOX（糟糕的名字），它包括了电视机、DVD/CD 播放器、上网设备、调频收音机和家庭监视单元。

这些互动产品汇总的大多数都是愚蠢的，有些产品有一点点优点，有些产品如果能提供便利性的话还是可以成立的。

便利性的作用

说说名字很恰当的"便利店"，它们通常和加油站联系在一起。便利店的价格更低吗？不。品牌更好吗？不。选择更优越吗？不。它们存在的唯一理由就是便利。你在停车加油时可以买很多杂货和盥洗用品。

同时请注意，便利市场通常只是任何品类的一小块。比如，典型的便利店只占啤酒、软饮料、视频和盥洗用品的很小部分。同样，我们预计，能提供便利性的照相手机、电视机 /DVD/ 录像机融合设备和其他融合产品将最终占据各自市场的很小一部分。

如果你的公司是你所在品类的主要竞争者，那又何必要花心思去兼顾融合产品的市场呢？让给那些为 Brooksoine、Hammacher Schlemmer、Herrington 和 The Sharper Image 公司供货的公司去抢夺这些混合产品吧。

从 Palm 到 Handspring，然后再回归

共同发明了 Palm Pilot 的唐纳·杜宾斯基（Donna Dubinsky）和贾弗里·霍金斯（Jeffrey Hawkins）开办了一家名为 Handspring 的公司，该公司推出了一款和 Palm 类似的产品 Visor。Visor 和 Palm 的主要区别在于 Visor 有一个扩展槽，能接驳很多模块，包括从相机、全球定位系统到录音机的所有东西。超过 2 000 个开发商签订协议来开发 Visor 模块。

模块市场多少是个灾难，于是 Handspring 转向了 Treo，该通信设备结合了手机、掌上电脑、无线电子邮件、短信和网页浏览功能。Treo 获得了大量支持性的公关宣传。

- "该通信器是手持设备中的突破……是我用过的最好的个人数字助理，也是最强大的手机。"《华尔街日报》的沃尔特·莫斯伯格（Walter S. Mossberg）说。

- "Handspring 的智能 Treo 掌上通信器正是我要的类型：声音、电子邮件、浏览和更多功能。"《财富》杂志的彼得·刘易斯（Peter Lewis）说。

- "最终，这是个真正能用的混合产品。"《商业周刊》的斯蒂芬·怀尔德斯特姆（Stephen H. Wildstrom）说。

Treo 的销售从未和大肆宣传相匹配,而曾经股市价值数十亿美元的 Handspring 被 Palm 公司以 1.9 亿美元收购。(贾弗里·霍金斯一个人的 Handspring 股票价值就曾经达到 39 亿美元。)

与为了实现媒体融合而投入到基础设施上的努力相比,以上这些产品简直不值一提。举个例子,1999 年,电视网络行业老手莫里·艾亚巴特(Mory Ejabat)通过私人集资为一家叫做 Zhone 科技公司的新公司筹集了 5 亿美元。他的目标是发明一种单体设备,该设备能提供电话、互联网、有线电视、广播电视和无线服务功能。不出所料,《商业周刊》把他的构想称为"数码融合的圣杯"。

Zhone 盒子的销售目前还接近于零。

令人气馁的不是以上故事中产品的失败。在自由企业制度下,失败是意料之中的事情。令人气馁的是经理人学到了错误的教训。

他们认为概念从来不会有错,总是执行上出问题了。唐纳·杜宾斯基说:"我们学到了惨痛教训,生产这些产品很困难,和网络运营商的关系也难以管理。"

没有一个字提到把 Handspring 带向了错误道路的情况。没有一个字提到融合,甚至没有人质疑过融合概念。

没有比媒体的大肆宣传更能蒙蔽客观思考了。Handspring 自以为走上了正确的路,因为《华尔街日报》《财富》和《商业周刊》都说它是对的。这些人认定,任何得到媒体赞同的概念的失败都必定是执行出了问题。

随着时间的推移,媒体的大肆宣传在"信仰"这个大坝后不断累积,直到有一天,大坝无法支撑下去,信仰就此崩溃。结局并不漂亮。互联网发生了这种情况,融合概念也会发生这种情况。

大肆宣传进行的时间越长,结局就越痛苦。互联网大坝在建成三四年后就倒塌了。关于融合的大肆宣传迄今为止已经累计超过 10 年了。

媒体集线器、媒体播放器、媒体中心

支撑融合大坝的是一阵阵的"媒体"新产品，它们的名字有媒体集线器、媒体播放器和媒体中心等。《快公司》杂志说："消费电子产品允诺已久的圣杯（融合）已经到来。这一次，今天的启动设备是网络媒体集线器——机顶盒，它让你能在个人电脑和家庭影院系统之间共享文件。"

惠普、GoVideo 和 Gateway 公司最先推出媒体集线器。你花不到 300 美元的钱，就能买一个盒子，该盒子能把所有基于电脑的娱乐带入起居室。它摆放在你现有的家庭影院设备上，并通过标准视频和音频输出线与电视机和音响链接起来。

与此同时，微软方面将努力方向定在了媒体播放器，这个软件安装在用户的电脑里或者其他设备中，并且开放了一个通过互联网传输的门户，业内人士称为"富媒体"（电影、音乐、视频），就像浏览器是浏览网页的门户一样。微软和 Realnetwork 的 RealOne 播放器现在分享媒体播放器市场。

微软还为 Windows XP 开发了"媒体中心"软件。该软件有一个特殊界面，让你用内建的电视调谐器控制电脑。现在你能在证监房间内使用遥控器在电脑上看电视或看照片、视频和 DVD 电影。

索尼、惠普、捷威（Gateway）和戴尔都推出了媒体中心电脑。但是这些融合产品能找到市场吗？当然，它们可能在大学寝室或者狭小的公寓里找到一个位置，但是大多数人更可能在电视机上看电视，在电脑上做运算。

迈错方向的一步

全能盒子是迈错方向的一步。电视机的趋势是大型平面屏幕。电脑的趋势是小型笔记本。媒体中心盒子将分成普通观看设备和普通运算设备。

当评估一项新技术的前景，当产品使用像媒体这样无所不包的术语时，就总会亮红灯。

"你今晚想干什么？"

"我要回家看媒体。"

人们不会这么说，他们通常不会买有那样名字的产品。

史蒂夫·乔布斯在媒体中心问题上有正确的认识。当被问及苹果公司是否会推出那样的产品时，他回答说那种产品就像苹果推出能做烤面包的电脑一样不合情理。

我们同意他的观点。媒体中心会被烤焦。

但是乔布斯只是一片狂热中的唯一反对声音。融合观念几乎已经被普遍接受。迈克·兰伯格（Mike Langberg）在影响力很大的《水星报》上的一篇关于消费电子产业的文章中说："当所有的热门词指向一个方向时，要留神。"

大肆宣传正在破坏融合这座大坝。

笔输入电脑

让我们仔细看看融合论者是怎样想的。在个人电脑发明前，有两种主要的写作交流方式。你用钢笔或者铅笔把字写在纸上，或者你可以用打字机做同样的工作。

我们仍然用钢笔和铅笔在纸上写很多字，但是打字机已经基本上被电脑取代。

权力会被滥用，运算能力也是一样。高科技产业的天才们发现了利用个人电脑的运算能力把钢笔和纸张交流以及打字机融合起来的方法。

于是笔输入电脑诞生了，大肆宣传也紧跟其后。

1992 年 4 月，《经济学人》杂志吹嘘道："电脑进入了第三次成形阶段。第一次是锁在空调房内的庞然大物。20 世纪 80 年代，电脑收缩成台式机，成为个人电脑。"

第三次成形？笔输入电脑？《经济学人》杂志预测："接受钢笔大小手写笔的指令而不是键盘或鼠标指令的电脑以及其他发明将改变市场格局，其剧烈程度相当于个人电脑在 10 多年前出现时那样，并且有潜力像当时那样创造丰厚利润。"

《经济学人》报道说："为主导这个新市场，竞争已经激烈展开。微软从 4 月开始发售笔输入软件。硅谷的 Go 公司很快跟进。IBM 公司刚开始通过特殊订单向大客户发售 ThinkPad 笔输入电脑。到年底，可能有 10 多家公司将加入 IBM、NCR、NEC、Grid 和 Momenta 的行列，进入笔输入电脑市场。"

笔输入电脑很快就收场了，和它登场时一样快。1992 年秋，当时的苹果公司主席约翰·史考利说："一年前我们都在谈论笔输入电脑，谁曾想到这个行业会在一年之内开场和收场？"

一开始是笔输入电脑，现在是平板电脑

你应该赞扬融合论者，因为他们从不放弃。即使笔输入电脑失败了，但是融合论者想，也许我们可以把笔输入电脑和键盘电脑融合在一起？

可以非常肯定地说，大批电脑融合产品中的最新产品已于 2001 年铺向市场。它叫做平板电脑，它有可以手写的屏幕，也有可以打字的键盘。

微软是主要支持者。光是 2002 年，就有 8 家生产商推出了微软设计的平板电脑版本。比尔·盖茨满怀信心地预测：平板电脑将在 5 年内替代笔记本。

毫无可能。到 2003 年年底，平板电脑只销售了 50 万台，相比之

下，笔记本该年销量达到 3 600 万台。

准备好迎接下一波大肆宣传吧，那时有人会发现人类沟通的第三种方法。通过笔，通过键盘，还有通过嘴。

声控电脑会是下一波浪潮吗？

THE
ORIGIN
OF
BRANDS

定律 7

糟糕的创意从未消失
Bad Ideas Never Die

1945 年的霍尔飞行汽车和 1961 年的"水陆两用车"是交通工具中很多融合失败例子中的两个。

在媒体、学术界和几乎整个高科技领域对融合概念的坚定支持下，还有谁会怀疑融合会到来？

学过历史的人就会怀疑。乔治·桑塔亚纳（George Santayana）说："遗忘历史的人必将重蹈覆辙。"

为了帮你回忆，以下是融合漫长而悲伤的历史。

■ 还记得小型飞行汽车吗？当通用航空在第二次世界大战后开始迅猛发展后，融合论者设法把飞机和汽车融合在一起。

1945 年，特德·霍尔（Ted Hall）发明了会飞的小汽车。马路将变得过时，交通堵塞也将成为历史，你可以在任何时间到任何地方去，行动完全自由。

美国每一家飞机制造商都想乘机利用霍尔的发明，康维尔公司（Convair）成了幸运的买家。1946 年 7 月，康维尔公司根据霍尔的飞行构想推出了康维尔 118ConvAirCar。公司的管理层信心满满地预测该产品的年销量将至少达到 16 万台，每台售价 1 500 美元，机翼的费用须额外支付，也可以在任何机场租赁。

尽管媒体大肆宣传，康维尔的飞行汽车只生产了两台。听说这两台车现在都被闲置在加利福尼亚州埃尔卡洪的某个仓库里。

3 年后，莫尔顿·泰勒（Moulton Taylor）推出了空中汽车（Aerocar），它是带可拆卸机翼和尾翼的运动型轻便汽车。空中汽车在当时得到了大量的公关支持。福特汽车公司曾考虑将其大量生产。但是不出所料，空中汽车遭遇了和霍尔的飞行汽车同样的命运。

糟糕的创意从未消失。2002 年 8 月 2 日，《纽约时报》上刊登了一则关于泰勒飞机汽车的大篇幅报道（几乎占了全版）。报道说："有机翼的汽车，是很多飞行小伙子的梦想机器。"

随后还有保罗·莫勒（Paul Moller），他用了 40 年的时间来研发 M400 空中汽车（Skycar），它是一种可以像汽车一样驾驶简单的个人飞行器。如今，莫勒已经花费了 5 000 万美元、耗时 43 年、结了 3 次婚，但他的梦想仍未实现。

为了让飞机和汽车的融合体驶离地面，人们已经投入了数百万美元。和很多项目一样，飞行汽车试图解决一个无法解决的问题。汽车要足够重才能在地面上行驶，而飞机的重量要足够轻才能从跑道上起飞。

第二次世界大战后的这些努力并非人类第一次想让汽车飞向天空的尝试。1903 年 12 月，莱特兄弟进行了第一次飞行。《大众机械》（*Popular Mechanics*）杂志在 1906 年 4 月刊上发布了第一则关于飞行小汽车的专题报道。

最终胜利的是分化，而不是融合。如今，我们有很多类型的飞机（喷气式飞机、螺旋桨飞机和直升飞机）和很多类型的汽车（轿车、敞篷车、旅行车、紧凑型厢式车和 SUV），但没有飞行小汽车。

■ 还记得汽车船吗？融合论者应该研究一下德国公司 Amphicar 在 1961 年隆重推出的汽车和船的融合体。和所有的融合产品一样，水陆两用车的任何一项功能都不好。购买者的评价是，在路上开起来像船，在水上浮起来又像车。

糟糕的创意从未消失。为了成功推出汽车船，已经投入了数百万美元。1983 年出现了 Amphi-Ranger，1992 年出现了 Hobbycar，1994 年出现了 Aquastrada Delta，1996 年出现了 Dutton Mariner 以及 2003 年出现了 March WaterCar 和 Gibbs Aquada。

2003 年 Gibbs 的产品发布把握了以往汽车船产品发布的风格。"Gibbs 科技公司于周三宣布了英国历史上最激动人心的工程项目成就之———高速两栖技术（HSA）开发成功。Gibbs 演

示了该汽车在水中的速度能达到每小时 30 英里，在陆地上能达
到每小时 100 英里。"

随后，你就会在身边的湖里看到 Dobbertin HydroCar。

■ 还记得可视电话吗？尽管 AT&T 公司和其他公司早在 20 世纪
20 年代就开始为之付出艰辛努力，但今天全球投入使用的可视
电话系统只有 65 万套，并且大多数都是商用。（有谁会为了打
电话而盛装打扮呢？）

坏创意从未消失。最近 Vialta 公司推出了 Beamer TV，这
个售价 150 美元的设备可以让你用一台标准的电视机进行视频
通话。（一对设备就需要 300 美元。）经历了 80 年的尝试之后，
还有人相信可视电话的前途吗？

■ 还记得 3D 电影吗？每隔几十年，它们就会重回我们的视线，在
票房掀起很大热点。Teleview 公司在 1922 年推出了第一部 3D
电影。20 世纪 30 年代的《校园甜心》（*Campus Sweethearts*）轰
动一时。1952 年《恶魔先生》（*Bwana Devil*），1960 年《13 幽灵》
（*13 Ghosts*），1983 年《大白鲨》（*Faws 3-D*）。2003 年，《非常
小特务之 3D 立体出击》（*Spy Kids 3-D: Game Over*）。

夏普和两家美国公司（X3D 和 Stereo-Graphics 公司）正在生
产用于行业展览会、橱窗展示和电视街机游戏的 3D 显示器，但
是不要指望 3D 会取代 2D。它是新鲜事物，不会成为主流产品。

（事实上我们早就有 3D 电影了，那就是戏剧，在百老汇和
其他地方都非常轰动。）

■ 还记得在起居室可以显示当天报纸的电视机吗？当 20 世纪 50
年代，电视走入大众视线后，融合论者开始寻找将电视与印刷
媒体结合起来的各种方法。你可以用电视机打印出报纸和杂志。
此外，你还可以打印出你想要阅读的报纸的版面。

不要笑。爱普生（Epson）公司推出了一系列可以演示和打

印静态图片的电视机产品。"不出 5 年，我们预计这项业务将达到 3 亿美元。"爱普生家庭娱乐部门的总监说。

■ 还记得 20 世纪 40 年代大肆炒作推出的 Bendix 洗涤烘干一体机吗？为何现在大多数人还在用独立的洗衣机和干衣机？

■ 还记得电子录像机（EVR）吗？哥伦比亚广播公司（CBS）在 EVR 上投入了好几百万美元，但这个把电子图像和照相结合起来的尝试却毫无结果。在电子录像机系统中，彩色图像以编码方式记录在黑白胶卷上。当胶卷在连接了彩色电视机的电子录像机播放器上播放时，编码经电子扫描后还原成显示在电视机屏幕上的彩色图片。

■ 还记得由施乐和其他公司推广的"未来办公室"吗？在未来办公室中，所有的办公设备都会连接成一个主系统。它从来没有实现过。（如今，所有的宣传都是关于"未来之家"。当前的计划是，家里所有的电子设备将连接成一个主系统。一模一样的糟糕创意。）

■ 还记得通用汽车公司在 1964 年的纽约世界博览会上推广的"未来之路"吗？未来道路将由筑路机建造。这种机器有一个街区那么长，80 英尺高，需要 30 人操作。每小时能够修筑 1 英里长的四车道加高高速公路，能压平路上所有的障碍物（也许还包括反对修建高速公路的环保主义人士和他们的律师）。

■ 还记得传真电话一体机吗？当 20 世纪 70 年代传真机盛行的时候，融合论者开始尝试将传真机和电话机结合在一起。传真电话一体机有望成为那个年代的热门货。（你有一台传真电话一体机吗？你知道谁有吗？）

■ 还记得电脑和电话的融合体吗？就是附带电话的那种电脑。康柏、北方电讯（Northern Telecom）、王安电脑公司和 AT&T 在 20 世纪 80 年代中期推出了电脑和电话的融合产品。这些生产商认为，把电话和电脑结合在一起是很自然的事，因为声音和数据早已实现在一根线上传输。不用说，电脑和电话的融合产品一无所成。

■ 还记得家庭娱乐中心吗？一个名叫 Advent 的公司发明了投影电视机，电视机的屏幕有 40 ~ 60 英寸。但是投影电视并没有达到 Advent 公司能量充沛的首席执行官伯尼·米切尔（Bernie Mitchell）的期望。米切尔曾任职高保真音响生产商先锋公司（Pioneer），因运营成功而被招聘过来。他决定把 Advent 的翅膀伸向家庭娱乐中心。当然，Advent 最终还是破产了，家庭娱乐中心也同样破灭了。

有趣的是，投影电视成了非常成功的产品。如果 Advent 当初集中精力于最初的产品，该公司可能今天还会健在。

■ 还记得垒球 / 橄榄球混合球场吗？专业球队在这样的体育场比赛能省钱。融合思维的纪念碑——匹兹堡的三河体育场（Three Rivers Stadium）被炸掉了，并被独立的垒球场和橄榄球场所取代。最近，费城的老兵体育场（Veteran Stadium）遭遇了相同的命运。

1982 年，位于明尼阿波利斯的赫伯特·翰弗瑞大都会球场（Hubert H. Humphrey Metrodome）是美国建造的最后一个多功能体育场。20 多年后，明尼苏达双城队（Minesota Twins）、明尼苏达维京人队（Minnesota Vikings）和明尼苏达大学橄榄球队都想要新体育场，我们不怪他们。

■ 还记得福特 Ranchero 和雪佛兰 E1 Camino 的轿车 / 卡车混合车吗？尽管这些融合概念的汽车销售业绩平平，但今天的汽车生产商又在重新启用这个概念。雪佛兰 Avalanche 和 SSR、凯迪拉克 Escalade EXT、斯巴鲁 Baja 和悍马 H2 SUT（运动型多功能卡车）是市场上最新的轿车 / 卡车混合车。此外还有林肯 Blackwood，它很快上市又很快撤市，是至今汽车历史中寿命最短的车型。

■ 还记得贝尔波音 V-22 Osprey 吗？一款直升机 / 飞机的混合产品？政府至今已经在 Osprey 上花费了 120 亿美元，但它在试飞中发生了 3 次事故，导致 30 人死亡，其中 26 人是海军士兵。

在 Osprey 项目中，最令人惊讶的是行业专家几乎压倒性的肯定。"不要放弃这个概念，它是过去 40 ～ 50 年里航空领域里最具革命性的东西。"佐治亚理工学院（Georgia Institute of Technology）旋翼飞机技术研发中心主任丹尼尔·施格拉（Daniel P. Schrage）博士说。

可能这没什么奇怪的。飞行汽车和汽车船的项目也得到了交通专家几乎一致的支持。也许这是一个森林和树木的问题。局内人只看到树，而局外人看到的是整片森林。

■ 还记得多用途歼击轰炸机 F-111 吗？数年前，美国国防部部长罗伯特·麦克纳马拉（Robert McNamara）使每个人都相信，用单独机型来执行特定任务对每个部队来说都是浪费。他说，要替代这种作战方式，就要设计制造出一种可以执行所有任务的多合一机型。

从成本、培训和战术应用角度看，结局就是一场灾难。F-111 至今仍然放在五角大楼的仓库里，几乎没有使用过。所有部队还是继续订购和使用各种类型的飞机，每种飞机都是和执行某项特定任务。

■ 还记得能把外套变成夹衣的可脱卸夹层吗？为什么如今大多数人还是有独立的外套和夹衣？为什么我的汗衫没有和裤子融合在一起？我的袜子没有和鞋子融合在一起？我的 T 恤衫没有和短裤融合在一起？

■ 还记得导弹邮件吗？1959 年，邮政和美国海军联合试验了一种新的邮件递送方式。在人类登上月球前，一位邮政官员信心满满地预言说，用制导导弹将邮件从纽约递送到加利福尼亚、英国、印度和澳大利亚，都只需几个小时。（快闪开，邮件导弹来了！）

家中无融合

在生活中的几乎各方各面，事物都没有融合。订婚戒指没有和结婚戒指融合起来，钢笔没有和铅笔融合起来，椅子没有和沙发融合起来，地毯没有和地毯衬垫融合起来。

当然，如果你努力找，还是能找到融合的例子。然而，通常这些融合的东西都是边缘产品，便利性是其驱动力。

最终，橡皮确实和铅笔结合在一起，但这个结合产生了更好的铅笔吗？并没有。产生了更好的橡皮吗？也没有。但这样的结合使得使用更方便。

看起来在两个领域中都会很好的往往在两个领域中都很糟糕。展开时可变成一张床的折叠沙发既不是更好的床也不是更好的沙发。但对一些人来说，它很方便。（但大多数拥有足够金钱和空间的人都会买独立的沙发和床。）

洗发水和护发素的二合一产品既不是更好的洗发水，也不是更好的护发素，但它也很方便。（但大多数人购买独立的洗发水和护发素，因为他们认为这样的产品更好。）

大多数家庭拥有浴缸和淋浴的组合，但当人们有能力购买单独的一项时，他们就会分开购买。

尝试从未停止

数年前，我们的一个朋友放弃了一份在大公司里轻松又赚钱的工作，加入了一家叫做名人坊（Celebrity House）的新起步的快餐公司。他说，这是一个很有活力的概念，因为它会结合最吸引年轻人的两个零售概念——唱片和汉堡就像淘儿唱片行（Tower Records）和汉堡王融合在一起）。

结果一团糟。不仅唱片沾上了油渍，这个概念也受到了打击，合伙人损失了所有的资产。

他们从来不吸取教训。在欧洲，麦当劳试图把汉堡和酒店融合起来。这种叫金色拱门（Golden Arch）的新型连锁店把传统的商务酒店和麦当劳餐厅结合在一起。（我们相信，一定有很多职员会抱怨在一个汉堡酒店里举办商务会议。我们在哪里开会呢？）

结果拱门并没有带来辉煌的成绩。在开业 3 年后，麦当劳将金色拱门酒店出售给了 Rezidor SAS 公司，很快被改名为帕克斯酒店（Park Inn）。

在美国，麦当劳正试图把星巴克类型的咖啡屋和汉堡餐厅融合起来。这种叫做 McCafe 的咖啡店的特色是供应浓咖啡、糕点和美食家三明治（gourmet sandwich）⊖，并设置在供应全线汉堡和油炸食品的传统麦当劳餐厅内。

我们去不同的地方理发和干洗衣物，但我们可以肯定的是这并不会为某些创业家带来融合的机遇。

但在另一方面，看起来却是机遇。一家名叫男性护理（Male Care）的公司开创了集合理发、洗车和干洗服务的一站式连锁店。法国杂志《护理趋势》（*Tendances Trends*）认为，男性护理公司是百家独一无二的国际企业之一。

男性护理公司是在逆流而行。我们曾经在同一个地方理发和剪指甲，但现在我们会去两个不同的地方，理发店和美甲店。这是分化在起作用。

⊖　精心制作、菜式新鲜的三明治。——译者注

在影像租赁开始流行的时候，几乎每家药店、超市和杂货店都加入了这项业务，开设起打着"今晚租盘录像带"的口号的小亭子。如今你几乎看不到这类小亭子了，因为影像租赁的顾客都会到百视达（Blockbuster）等专营店。融合几乎从未奏效。

融合永不灭绝

纵观历史，融合概念抓住了人们的想象力。鱼和女性的结合体美人鱼以及鱼和男性的结合体男性美人鱼，数千年来都让公众着迷。

还有希腊神话中的人马，这种生物有马的身体和腿以及人类的头、肩膀和手臂。

另外还有希腊神话中的牛头人，半人半牛。还有大力神派出的多头生物九头怪蛇以及沉迷于狂欢和纵欲的森林之神萨堤罗斯，这种长得像人的生物有着马尾巴和山羊的腿和耳朵。

漫画书中的英雄蝙蝠侠和蜘蛛人也是证明融合概念不断流行的例子。

就如融合概念一样，当一个概念能抓住人们的想象力时，它就能在容易受骗的公众心中永生。

有一些人从不听劝。一位观察家说："虽然融合没有达到早先预期的高度，但它仍然是未来的发展方向。多媒体业务的执行官员说，只是这条路还很漫长，要投入更多的金钱，也比最初设想的要复杂得多。"

对此，我们可以借用电影《坦克大战》（*Battle of the Bulge*）中麦考利夫将军的话作为回应，那就是"胡扯"。

THE ORIGIN OF BRANDS

定律 8

高科技品牌的大树
The Great Tree of High-Tech Brands

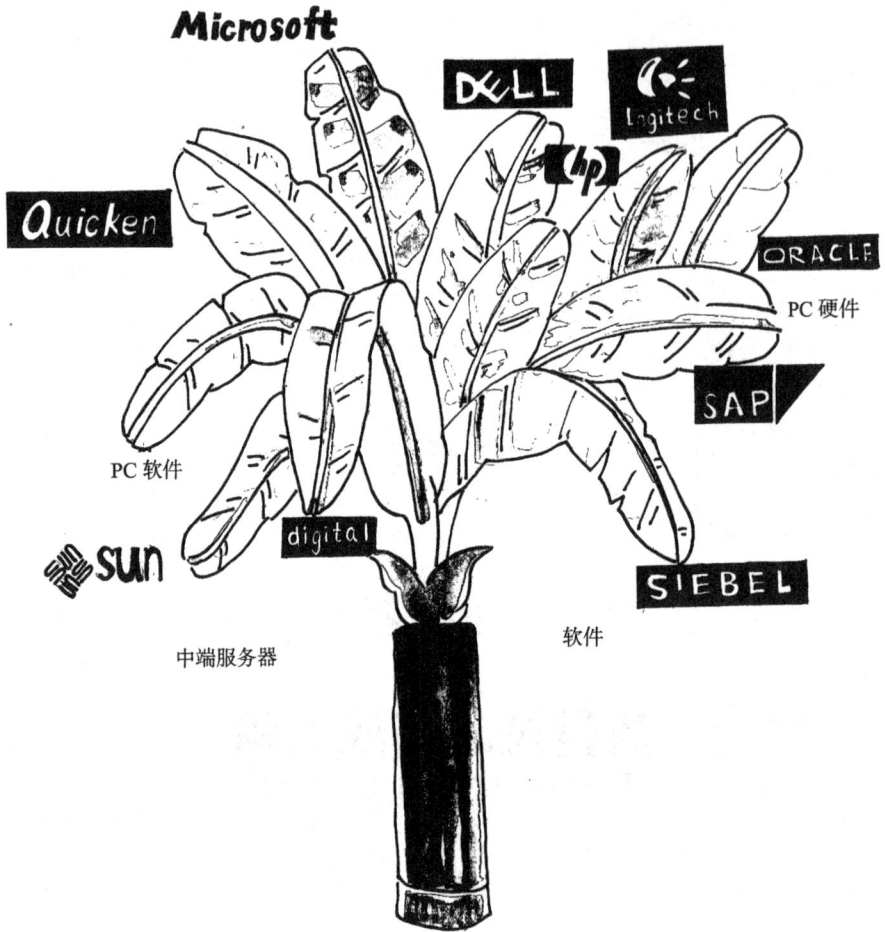

主计算机分化出了软件、中型计算机、个人电脑硬件和个人电脑软件。

达尔文用跳跃性的想象力看清了"生命的大树",这个生命的分化过程经历了数十万甚至数百万年。

我们就很幸运。我们能够在短得多的时间内看到品牌是如何分化的。就拿计算机来说,宾夕法尼亚大学的工程师们在1946年种下了这颗种子,他们发明的ENIAC是第一台通用全电子数字计算机。

在计算机时代打造品牌

1951年,雷明顿·兰德UNIVAC计算机的推出以及随后IBM主机计算机的推出,标志着计算机时代的真正开始。现在这个时代是什么局面呢?

50多年以来,全世界都见证了惊人的产品爆发:迷你计算机、中型计算机、个人计算机、网络计算机、笔记本和掌上电脑以及成千上万的软件产品。现在有计算机杂志、简报、网站和互联网,还有大量的计算机咨询公司。

计算机这棵大树的生长和分支创造了很多强大而有价值的品牌,包括IBM、优利系统(Unisys)、惠普、太阳微系统、西贝尔(Siebel)、甲骨文(Oracle)、SAP、戴尔、苹果、Palm、英特尔和微软。

计算机大树的主干(IBM)市值1 670亿美元,然而其他11家公司的股市价值有8 520亿美元,而且这棵大树上还有成千上万个其他的分支。

有一个有趣的假设。如果IBM给每个主要的计算机分支都推出独立的品牌,IBM是否会成为计算机领域的宝洁公司,其销售额是否会比现在的翻上几倍?

在计算机行业发生的情况,同样出现在其他每个行业。电器、汽车、饮料、化妆用品、食品,在你能说出的行业里都能发现分化在发挥作用。随着时间的推移,品类会分化成两个或更多的品类,为建立新品牌创造源源不断的机遇。

时间只朝一个方向流逝

数代以前，人们生活得很简单。大多数人都以务农为生，仅有少量的衣服和几台电器，如果有自己的药箱，也只有几瓶药。从此以后，我们经历了几代人的分化，生活也变得复杂了很多。

如果融合是趋势，那么就意味着数百年的分化会突然停止，生活也将越来越简单。

可是不然。

生活永远也不会变得简单，只会越来越复杂。无论你看什么树，有一个事情是可以确定的。在未来，会有更多的分支、更多的品类和更多的品牌。

知识就是力量。知道品类最终会分化这一点对寻找机会创建新品牌的营销人来说是很有用处的。

个人计算机的分化

最初的三大品牌是苹果 IIe、Commodore Pet 和 Radio Shack TRS-80。所有早期的个人计算机都是自我包容的，也就是说键盘、中央处理器和显示器都集成在一个盒子里。

现在你认为个人计算机技术接下来会发生什么？

融合论者会四处寻找有用的设备与个人计算机结合起来。电脑打印机如何？如果你无法打印自己的工作成果，个人计算机还有什么好呢？

今天有什么个人计算机是和打印机融合在一起的吗？据我们所知是没有。趋势恰恰相反。相对于一个集成的盒子，绝大多数台式个人计算机都有独立的键盘和显示器，当然，还有独立的电脑打印机。

让我们从不同的角度来看融合。如果你是生产商，并且认为自己看到了将个人计算机与打印机融合的机会，你会选择哪一种打印机：

- 激光打印机：彩色还是黑白？
- 喷墨打印机：黑白还是图片？
- 气泡喷墨打印机？
- 旅行、桌面还是大批量打印机？
- 快速（昂贵）还是低速（廉价）打印机？

打印机种类的不断繁衍（或者说分化）使得融合注定是个失败的主张。总是会有新的打印机出现，你要将哪一种打印机与计算机融合在一起呢？

照片打印机也已经朝一个新方向分支出去了。售价更高的彩色打印机不使用墨水，而采用热升华技术（连续色调，没有墨点）。

个人计算机领域发生的情况几乎是其他每个行业的典型。随着时间的推移，分化会创造出新品类，而新品类创造出建立新品牌的机会。

个人计算机品类的分化创造了建立很多新品牌的机会：显示器品牌优派（View Sonic），键盘和鼠标品牌罗技（Logitech），操作系统品牌微软，芯片品牌英特尔，硬盘品牌希捷，调制解调器品牌贺式（Hayes），存储器品牌 Zip、Migo，打印机品牌爱普生、利盟，激光打印机品牌惠普，金融软件品牌 Quicken，投影仪品牌富可视（InFocus），扫描仪品牌 UMAX，电脑音箱品牌 Altec Lansing 和标签打印机品牌 Dymo 以及很多将来会出现的新品牌。

什么品牌是由个人电脑和其他产品结合创建而来的？据我们所知是没有。

这些"分化"品牌中的单个品牌（微软）的股市价值就几乎是整个 IBM 公司的两倍，而后者在早期是计算机行业的主导品牌。事情就是如此。至少从打造品牌的角度来看，品类某一分支的价值通常都会超过整个品类的价值。

那么，真正的机会在哪儿？是把所有的东西放在一起还是分开？

Palm 计算机公司把"电子管理器"功能从个人计算机中分离出来，建立了第一个掌上电脑品牌 Palm。Research-in-Motion 公司把电子邮件功能从个人计算机中分离出来，建立了第一个无限电子邮件设备品牌"黑莓"（Blackberry）。

并不是每个分支都能创造建立新品牌的机会。举例来说，在拨号调制解调器有一个技术难关，就是连接速度最高 56K，不可能生产出与电话网络铜线连接的更高速度的调制解调器。因此，贺式公司（Hayes）从 14K 发展到 28K 然后到 56K，调制解调器的发展就停止了。调制解调器成了大众商品，贺式公司破产了。

在高科技品牌的大树上，显然会有一些枯死的分支（和死亡的品牌）。

分化并不总是破坏性的

可能看起来很奇怪，电脑并没有终结微型计算器业务。每年被出售的计算器有数百万台。但是由于进化，计算器变得越来越小，越来越轻也越来越便宜。而且一种新型的科学计算器也已经出现了。

在大多数情况下，新品类会和老品类并存。电动剃须刀没有终结手动剃须刀，电动牙刷也没有终结传统的牙刷。生活还在继续，但由于分化的作用，生活也变得越来越复杂。

在个人计算机领域，另一个发展中的品类就是"智能键盘"，是一种便宜、简洁、耐用、轻巧和低能耗的文字处理器。（这些特性都是个人计算机所没有的。）AlphaSmart 是这个领域的领先品牌，其产品重两磅，售价 230 美元，是由苹果公司的两位工程师发明的。它没有触摸板，没有调制解调器，没有扩展槽，只有可以储存 100 页打印文字的内存。这是坏消息。好消息是 AlphaSmart 只需要一组 AA 电池就能工作 700 小时。

MailStation 之于收发电子邮件，就如 AlphaSmart 之于打字。MailStation 只做三件事，但都做得非常出色：①写电子邮件；②发送电子邮件；③接收电子邮件。MailStation 售价不到 100 美元，附加每月 10 美元的互联网服务费。

注意！简单的拆分思维和分化思维并不同。有太多公司认为去掉产品上花哨的东西就能为家用市场创建一个新品类。（汽车生产商常常减少轿车上的镀铬量，再作为经济型轿车销售，这种做法也是行不通的。）

从 IBM 的 PCjr 开始，几乎每个主要的个人计算机生产商都尝试过简配战略，但几乎都不成功。最近的例子还包括 3Com 的 Audrey、索尼的 eVilla、英特尔的 Dot.Station、甲骨文的 NIC、Gateway/AOL 的 Touchpad、霍尼韦尔（Honeywell）的 WebPad、康柏的 MSN Companion 以及康拍的 iPaq 家庭互联网电器。

简化现有产品的配置意味着价值比成本降低得更快。双门轿车的生产成本并非只有四门轿车的一半，所以汽车行业售出的黄门轿车也比四门轿车少很多。

在 Palm 的 PDA 产品线中，Zire 是成功的。这个简单的设备不包括电话、照相机和上网功能等任何融合设备。它非常热销，因为 Zire 就是 Palm 品牌的意义所在——小巧简单的电子管理器。

其他领域的分化

以半导体为例。真空管（实质上就是巨型半导体）在发展成晶体管之前并没有变得越来越小，晶体管是半导体这根大树枝上完全独立的分支。

大型的真空管生产商（Western Electric、Sylvania 以及其他公司）

中没有一家完成向半导体的转化。相反，微处理器领域中的大品牌都是像英特尔和 AMD 这样的新品牌。

以掌上电脑为例。有的公司耗资几十亿美元，试图把 Palm 这样的掌上电脑与手机以及其他设备结合在一起，但真正的行动却是在向着相反的方向发展，即公司为某些特定的行业定制特定的硬件和软件。

外科医生可以使用 Epocrates 和 Allscripts 医疗保健解决方案等公司提供的掌上电脑软件来检查药物之间的相互作用并计算出用药量。他们还可以使用掌上电脑写处方并发送给药店。他们可以为不同的服务设定价格并撰写病历。

服务生可以使用装有 Ameranth 软件的手持设备向餐厅厨房直接发送菜单，留下更多的时间与顾客闲谈，可能也会因此得到更多的小费。

销售人员可以使用装有 Inventiv Pocket Advantage 软件的手持设备输入订单并检查库存和发货情况。一线员工通过减少很多和传统销售工具相关的管理性工作每天节省 1 ~ 1.5 小时，这是非同寻常的事情。

Epocrates、Allscripts、Ameranth 和 Inventiv 那样的品牌会获得巨大成功吗？大多数可能会失败，因为这是抽奖游戏。但至少它们是有机会成功的，因为它们正从现有的品类中分支出去，而融合几乎注定失败。

为满足特定行业的需求，包裹递送公司已成为改良掌上电脑的先驱。目前 UPS、联邦快递和 Airborne 公司为司机配备了扫描仪和无线掌上电脑，能够把信息输入全球包裹跟踪系统。这些可不是小项目。UPS 在无线技术上花费了 2.5 亿美元，联邦快递花费了 1.5 亿美元。

专用掌上电脑市场可能是 Palm 等通用设备市场的 4 ~ 5 倍，打造品牌的机会也就相应地增加了好多倍。

全球定位系统的分化

微处理器解决方案催生了一大批的高科技产品（和高科技品牌）。

这些产品中的大多数都利用了全球定位系统。GPS 最先是为军事开发所用，基于卫星系统能使使用者确定他们所在地球上的任一点的经度和纬度，误差在 15 英尺之内。GPS 配件已经成为军队生活的一个必要部分，它被装在车辆上（人们称为蓝军追踪器）或被装在地上（人们称之为插件）。

不出所料，融合论者也没有放过 GPS，他们试图把 GPS 与掌上电脑融合在一起（GeoDiscoverty Geode 和 Rand McNally 公司的 StreetFinder GPS），或把它与个人计算机融合在一起（TravRoute 公司的 Copilot）。这些品牌中没有一个可能成功。

为什么说蓝光追踪器不是一个有效的融合例子？毕竟，GPS 设备已经集成在战车上了。

真正的融合和为了便利而组合在一起的产品之间有一条清晰的分界线。蓝光追踪器虽然形体上被集成在车辆上，但在功能上它还是一个独立的产品。

这就像汽车上的广播。你可以将这个广播从汽车上拆下来，它仍然是一个可以使用的广播，而将一个融合设备上的两个功能拆分开来通常会得到两个毫无用处的部件。

对 GPS 来说，一个更好的方向是成为独立的单元。Garmin 和 Magellan（好名字）为远足爱好者、水手和小物件爱好者生产 GPS 单元。赫兹 Neverlost 是另一种基于 GPS 的导航系统。通用汽车公司的 OnStar 服务也一样。GPS 设备能在白天或黑夜的任何时候告诉你身处何处。

那么公司如何通过分化来开发 GPS 这个大枝干呢？一个方法就是将市场的一个板块独立出来。

不针对所有人，只针对一些人

针对儿童的 GPS 设备如何？ Wherify 无线通信公司 [公司创办人蒂

莫西·内尔（Timothy Neher）在公园差点丢了他兄弟的孩子后创办了这家公司]出售一种轻型GPS设备，你可以把它像手表一样系在孩子身上。

Wherify手表被称做"孩子的遗失寻回系统"，经过编程后，它能在孩子离开设定区域后对父母发出警报。它还有一个"恐慌按钮"，会提醒父母和911紧急电话接线员。（Applied Digital Solution和GBSTracks公司生产类似的产品。）

之后就有了"狗的遗失寻回系统"。AVID身份识别系统公司（以及Destron Fearing公司）生产的并不昂贵的微芯片能够植入动物体内。每个芯片都带一个独一无二的数字，能让兽医、放牧人、动物医院和其他人通过扫描仪识别这个动物。正在使用中的AVID扫描仪超过18 000个。

Wherify公司针对儿童，AVID公司针对狗，而国际公路安全公司（Road Safety International）针对青少年。该公司生产的黑匣子能监视青少年驾车。这种盒子叫SafeForce，能记录车速之类的数据。当驾车人速度太快或转弯过猛时，盒子就会发出警告，父母们可以事后检查盒子看他们的孩子驾车时的速度。

随后又出现了DriveCam，有些公司正在安装这种设备来敦促员工安全驾驶。这种设备装在后视镜的后面，大小和Palm掌上电脑差不多，能记录司机看到和听到的东西以及由急刹车、突然加速、急转弯和碰撞产生的4个方向的重力。

缩小市场

打造品牌最可靠的方法就是把一项现有技术应用到一个狭窄的细分市场中。举一些例子：雷达探测器（Passport）、呵气酒精测试仪（PNI）、找鱼器（Smartcast）、高尔夫射程探测仪（StarCaddy）、个人里程／速度／卡路里计算器（SportBrain）、天气追踪器（Davis）、语言翻译器（Phraselator）、手持电力消耗仪表（Kill A Watt）以及假身份证探测仪（IDLogix）。

甚至还有狗叫翻译器（Bow-Lingual），能把狗叫转换成人的语言。当狗对着麦克风叫时，它的声音会和 80 种声音记录进行比对。狗叫被分成 6 大类：高兴、悲伤、受挫、愤怒、自信和渴望关爱。狗叫翻译器随后随机选择语句来匹配类别。虽然 Bow-Lingual 不太可能会取得很大成功，但它证明了一条通用的定律，那就是品牌是由"狭窄"思维打造的。

纽约、波士顿和其他马拉松比赛使用 ChampionChip 异频雷达收发机，它重 4 克，安放在参赛者鞋带的塑料容器中，这种收发机能为上万运动员测出精确的个人结果。它们追踪运动员在跑步过程中花费的时间，称为芯片时间，而发令枪时间则被视为官方结果。（有一天芯片时间可能会变成官方时间。）

医药领域吸引了大量的创业家，他们开发了一大批有用的新产品：糖尿病试纸（Onetouch）、葡萄糖检测器（GlucoWatch）、便携式除颤器（HeartStart）、肥胖监视器（PSC）、无线心率监视器（Polar）以及植入式心脏起搏器（Gem III DR.）

对这些和其他高科技产品来说，问题总是一样的：如何把设备做得更小、更轻、更便宜，以拓宽市场。分化的思维有助于解决这些问题，融合思维作用恰恰相反。

GlucoWatch 的原型有砖头那么大，太大而无法携带。"产品体积大时，我们可以随意移动元件来排解故障，"公司研发总监说，"一旦我们把它搞对了，挑战就是让它的体积变得更小以利销售。"

生物测定学中的分化

"9·11"事件后，安全变成了一个大问题。由于这个原因，高科技中的生物测定学变成了最热门的领域，这项技术能通过指纹、眼睛和其他身体特征来识别人的身份。

"门禁"设备多年来的分化过程是很有趣的事。最初是钥匙，至今全球仍然有超过90%的锁使用钥匙。随后出现了含有微芯片的门卡，能够进行内部编程。所有现代的酒店和汽车旅馆都将钥匙换成了门卡。

最新产品是使用射频识别技术的非接触式卡（ProxCard）。只要把这种卡在门锁前晃一下，锁就会打开。（安装了 E-ZPass 系统的过路收费亭也使用相同的技术。）

指纹扫描仪（Indentix）是门禁的另一个分支。你很容易丢卡，但不会把手放错地方。与之竞争的技术还有宣称是最精准的生物识别技术的虹膜识别（Iridian）。显然，世上没有两个相同的虹膜。

眼睛比手指具有优势，据说罪犯可以用蜡模来制作假指纹。（看《犯罪现场调查》（Crime Scene Investigation）节目可以学到的另一个有趣的小知识。）

用蜡模复制眼睛就难得多了。

部件品牌的分化

分化思维应该能鼓励创新者问问自己："我们可以聚焦于一个新产品的什么部件来建立品牌？"事实是，卖电池（金霸王）比卖手电更赚钱，卖胶卷（柯达）比卖相机更赚钱，卖软件（微软）比卖硬件更赚钱。

最新的高科技部件是存储卡。2003 年，全球存储卡的销售额超过 30 亿美元。CompactFlash 卡是一个领先的存储卡品牌，能用在尼康和宾得数码相机中，也能在惠普 Jornada 和 iPad 掌上电脑和诺基亚手机中使用。

很快会有一天，用来开锁的射频识别（RFID）微芯片会打开库存控制的巨大市场。贝纳通（Benetton）已经订购了 1 500 万射频识别标签（飞利浦），用来跟踪服装生产、运输和销售。5 000 家店的射频识别读取器将收集门店数据并自动发送给贝纳通。

宝洁公司已经在潘婷洗发水瓶和 Bounty 纸巾包装上测试了射频识别芯片。吉列公司也在锋速 3 剃须刀上测试了这种芯片。

但是射频识别技术的最大推动力来自沃尔玛。该公司最近要求它最大的 100 个供应商在所有的箱子和货盘上加上芯片。行业专家估计这样要求意味着每年将卖出约 80 亿条标签。

软件的分化

没有比计算机软件更能证明分化思维的力量了。成千上万的成功品牌都是通过开创聚焦的专业软件品类而建立起来的。

拿苹果电脑来说，它曾经是世界上最大的个人电脑生产商，现在成了以 Wintel 机器（使用微软 Windows 软件和英特尔微处理器的电脑）为主导的市场从属者。

如果苹果公司走的是标记"分化"而不是"融合"的道路，情况会如何？

1984 年，苹果公司推出了麦金塔，是"为我们中的其他人生产的第一台电脑"。麦金塔有什么引人注目的地方？它的图形界面包括下拉菜单和"桌面"设计，你可以在电脑屏幕上打开过个文件，就像在真正的桌面上那样。

在微软推出 Windows 之前，麦金塔就推出了窗口。不幸的是，IBM 在 1981 年推出了第一台 16 比特真正意义上的办公室个人计算机（PC），比麦金塔早了两年半。（成为更好，不如成为第一。）

到 1984 年，IBM PC 和它的模仿品早已成为个人电脑这个行业的标准。用户们极不情愿做出改变，即使是明显更高级的产品。这就让微软有时间开发叫做 Windows 的跟风软件。（对创业家的警告：不要重复劳动。复制别人的概念，并换一个新的面孔是通向成功的最可靠的方法之一。）

对苹果公司来说，答案很明显。如果苹果公司没有推出麦金塔，而是推出了像 Windows 那样的纯软件产品，情况会如何？如果苹果这么做了，它可能就像微软那样处于主导地位。（在股市上，2003 年微软的价值是苹果的 36 倍。）

融合可获得公关，但分化才是盈利的所在。如果你研究每个失败的大型联合企业的历史，你通常会发现途中未被采纳的转折点。途中的转折点可能会把公司带向成功的顶峰。这个转折点就叫"分化"。

苹果公司曾经考虑过这个战略吗？当然没有。可以想象到他们对这种战略的反应："我们身处电脑行业，我们不是在做电脑软件业务。"

电脑电子表格的战争

VisiCalc 是早期软件的超级明星，它是最早的电脑电子表格，非常实用，很多商业和专业人士为此就购买唯一能够运行这个软件的机器，8 比特的苹果 II 代。

16 比特的 IBM PC 的推出为 16 比特 VisiCalc 创造了机会。最先抓住这个机会的电子表格产品是莲花 1-2-3（Lotus 1-2-3）。（每个新产品、每种新服务、每次新技术发展，都会创造出很多不同方向的打造新品牌的机会。）

莲花 1-2-3 之后获得了巨大的成功。在几年时间中，莲花发展公司是全球最大的个人电脑软件公司，销售额甚至超过了微软。

令人困惑的是，融合思维已经深植于莲花 1-2-3 和很多其他成功的品牌中。莲花 1-2-3 起了这个不寻常的品牌名是因为这个产品集合了"电子表格、信息管理和图片于一身"。

新莲花 1-2-3 新发布的广告中包含了 310 个词，只有一个是"电子表格"，而且直到第 11 句才出现。该产品是分化在融合包装下的成功。

在软件和其他产品中，"捆绑"会造成融合有效的假象。然而，在大多数情况中，"捆绑"是把"必须拥有"的产品和可能成为大众商品的产品捆绑在一起。微软办公软件的捆绑把莲花 1-2-3 踢出了局，就是一个好例子。

在球场上，捆绑是最有战斗力的，但在市场上则不是。

你如何同微软公司那样的软件巨头竞争？你不会效仿微软，像它那样把产品捆绑销售，就像莲花公司试图对 Smartsuite 那样做。捆绑只在具备垄断性力量的领先者身上适用，你应该从主流中分支出去寻找出路。

Intuit 公司用 3 个品牌做到了这一点，每一个都在各自的领域中成为领先品牌。Quicken（个人理财）、Quick-Books（小企业会计）和 TurboTax（税务准备）。

如今 Intuit 公司年销售额达到了 14 亿美元，净利润率超过 10%。尽管如此，微软 Money 软件只占了很小的市场份额。

电话的分化

70 年来，美国的电话业务一直被此山的统治者 AT&T 垄断性地控制着。结果，电话系统成了一项少有分化、几乎没有新品牌的单项运营。

几乎每个垄断者的本能就是违反自然规律。把所有的东西都放在一个名字下，不允许任何分支过程发生。[美国邮政服务公司（The United States Postal service）就是这种类型的一个好例子。]

1968 年，联邦通信委员会剥夺了 AT&T 的电话设备垄断经营权（Carterfone 决议）。一年之后，允许以 MCI 为首的竞争对手使用

AT&T 的网络。最终美国司法部在为期 10 年的反垄断诉讼中获胜，导致了 AT&T 在 1984 年破产。

舞台是为几十年的分化而设。无绳电话、车载电话、移动电话，这些只是一部分的创新。

第一部手机是摩托罗拉在 1983 年推出的 DynaTAC8000x。你可能已经注意到，给高科技领域的每个新产品一个长而复杂的名字是必要的礼仪。

第一台计算机并不叫计算机，它被称为"电子数字积分计算机"。第一台个人电脑是 MITS 的 Altair 8800 微型计算机。（嘿，摩托罗拉，如果要给第一部手机取个简单的名字，情况会如何？就像诺基亚那样。）

即使摩托罗拉公司是手机领域的先锋（曾占有全球市场 45% 的份额），它在竞争中还是输了。诺基亚，一个单一产品的公司，占据了全球传统手机市场 35% 的份额，而摩托罗拉只有 15%。

像手机这样增长迅速而又充满活力的产品，如果要发挥出最大的潜能，就必须脱离大型联合企业的限制性环境。全球约有 10 亿用户，或 1/6 的人口在使用手机。

个人电脑业发生了相同的情况。IBM 无法和单一产品公司戴尔相比。新产品或服务越具有活力，其潜力越大，就越需要分支或脱离公司的主宰。（分拆是一种方法。）

最起码这类新产品需要一个全新的名字，但是这些新产品极少有可能被分拆或获得一个新身份。

当我们建议 IBM 的管理层为他们的新个人电脑（IBM PC）取不同的名字时，我们被告知，这个新产品对 IBM 的未来太重要了，所以绝不能不用 IBM 这个名字。结果很遗憾：21 年以来，IBM 在个人电脑业务上一直处于亏损。2003 年，IBM 第一次在该业务上略有盈利。

传统手机的分化

任何像手机这样充满活力的品类都必定再次分化，我们也开始看到一些例子，有便宜的手机、昂贵的手机、中等价位的手机。

手表经历了相同的过程。今天我们有不昂贵的手表（天美时）、中等价位的手表（精工）、时尚手表（斯沃琪）、运动手表（豪雅）、昂贵的手表（劳力士）和真正昂贵的手表（百达翡丽）。

低端手机产品是一种一次性手机，由 Hop-On 无线公司生产。这种手机的大小相当于一副扑克牌，它可以提供 60 分钟时间的通话，售价 40 美元。你可以通过手机卡购买额外的 20 分钟、60 分钟或 90 分钟通话时间。（一次性手机的概念听起来很傻，但谁会预测到一次性相机的巨大成功呢？）

高端手机产品是诺基亚的 Vertu。该手机配有蓝宝石水晶屏并镶嵌红宝石，提供不锈钢、黄金和白金机身，售价 4 900 ~ 19 450 美元。格温妮丝·帕特洛有 1 部，麦当娜有 1 部，詹尼弗·洛佩兹据说有 3 部。（数十万人花那么多钱买手表看时间，为什么不花同样的钱买一部手机打电话呢？）

处在中间地带的是时尚手机。西门子已经推出了 Xelibri，将推出春季和秋季系列，每个系列有 4 款可以选择。

甚至还有特殊用途的手机，如 Magnavox 911，只能用来拨打 911 紧急电话。如果你买手机的唯一理由是在紧急情况下使用，它绝对值。没有月租费，没有开通费和漫游费。

另一个和手机相关的分支是无线电对讲机，如 Audiovox 和 Cobra。Nextel 在它的无线网络上推销无线电对讲机（或称为 walkie-talkie）服务，做得很棒。

因为手机行业还处于初级阶段，所以还不知道将来哪一个分支有发展前途。但是主要的生产商（诺基亚、摩托罗拉和其他公司）关注更多的是融合而不是分化。

他们把研发费用都用在试图把手机和相机、掌上电脑和很多其他设备融合在一起上。

他们应该看看手机这棵大树，看上面的哪一个枝条会发展，然后选择他们想要主导的那一个分支。

你不能责怪公司忽视分化的机会。因为要看清分化的作用很难。几乎没人看到树的主干上长出新枝。一天，你看着后院中的树会想，这些树枝是从哪里长出来的？（我们考虑用延时图片来证明分化的可能性。）

电视的分化

证明试图主导每一个分支的做法是无用的另一个行业就是电视。当然，电视并没有和其他媒体融合在一起。它分化了。我们现在有广播电视、有线电视、卫星电视和付费电视，甚至还有机场电视、电梯电视和出租车电视，以后还会有很多电视分支。

当有线电视从广播电视中分离出去时就发生了最大的分化。那些大广播品牌（美国广播公司、哥伦比亚广播公司、美国国家广播公司）之中没有一个称为有线电视品牌。（广播电视品牌中也没有一个成为互联网大品牌。）

大多数成功的有线电视品牌都有全新的身份。CNN、ESPS、HBO、MTV、VH1、BET、Nickelodeon、Home Shopping、QVC、Weather Channel、Discovery 和 E！等。

这些有线电视品牌中的某个品牌（QVC）的多数权益最近以 79 亿美元价格卖出，这就意味着整个频道的价值达到令人震惊的 136 亿美元。

当分化发生时，优势就属于创建独立身份的品牌。例如，Nickelodeon 就比迪士尼频道成功得多。

[如果要告诉迈克尔·艾斯纳（Michael Eisner）迪士尼应该在它的新有线频道上用不同的名字，你就知道为什么大多数成功的有线电视频道不是由那些大公司凭借它的大品牌和自我膨胀欲望建立的。]

早期，当一个行业还年轻时，管理层相信新生的分支需要核心品牌的支持。可能确实如此。但是当新枝越来越大、越来越强壮的时候，它就会从主干脱离出去，那时产品的延伸品牌名就会变成严重的不利因素。

分化遵循一种模式。一开始，原有的品牌会嘲笑新生品牌，认为不会给自己带来竞争威胁。开创有线电视的并不是美国广播公司、哥伦比亚广播公司或美国国家广播公司，而是位于宾夕法尼亚州马哈诺伊城的一家电器店老板约翰（John）和玛格丽特·沃森（Margaret Walson）。

开创卫星电视的并不是时代华纳、Comcast 或 Cablevision，推出第一个直播卫星电视系统 Direct TV 的是局外人休斯电子公司（Hughes Electronics）。

后来，当原有品牌发觉局外人的成功后，它们就用既有品牌名努力推出跟风产品。于是，美国国家广播公司（CBC）推出了一个叫做 CNBC 的有线频道，最多算是中等成功。

即使是像广播那样的旧通信媒体最近也表现出分化的信号。最新的两个品类是数字广播（需要新的收音机）和卫星数字广播（需要新的收音机并支付月费）。

互联网服务的分化

最初你只能通过拨号调制解调器和美国在线、CompuServe 或 Prodigy 这样的互联网服务商联网。

但是拨号调制解调器有每秒最高 56K 字节的速度限制。其后出现的品类是宽带，你可以选择数字用户线路（DSL）或有线调制解调器。

两者都可以把速度限制提高到每秒 128 ～ 800K。

如今你还有另一个选择，就是固定无线。它使用天线和无线电信号连接网络。其速度可以与 DSL 相比，但月费更少。

拨号上网的主导品牌是美国在线。美国在线将成为宽带品类中的主导品牌吗？就像他们正在尝试的那样？

不可能。随着互联网服务的分化，机会是属于新品牌的。

最新出现的是光纤接入。它能以比 DSL 或有线调制解调器快 100 倍的速度传输信息。2003 年，电话业巨头 Verizon、SBC 通信公司和南方贝尔公司（Bell South）宣布在光纤接入（FTTP）设备上达成协议，并向电信设备生产商发出报价要求。

这就是发展规律。新品类和新品牌总有存在的空间。

没有什么会存在很久

聪明的经理人很快扑向新技术，但不使用既有品牌。新分化的技术需要新品牌。

另一项热门技术是 Wi-Fi，能够在零售店、工厂、医院等地方提供无线接入。星巴克和 T-Mobile 结盟，在约 2 100 家咖啡店中提供服务。波音正在为 100 多架喷气飞机装备 Wi-Fi 技术。

有谁会打造强大的 Wi-Fi 品牌吗？当然，这只是时间问题。

Airgo 网络公司刚推出了一项新技术，能使 Wi-Fi 现有的速度提高一倍。该技术叫做 MIMO，代表"多进多出"（multiple-in, multiple-out）。它利用电脑的能力从紧密的天线发送信号。随后出现了英特尔公司正在推动的新技术 WiMax。

谁会赢得 Wi-Fi 之战？可能所有系统都会生存下来。并非每条新枝都会杀死老枝。大自然青睐对同一个问题有多种方法。

甚至电子邮件也分化了。现在你有常规的电子邮件和"即时信息"

电子邮件，后者变得非常普遍。每天大约有 7 000 万人在使用即时信息服务。

运输中的分化

莱特兄弟是自行车生产商，但他们没有给 Schwinn 自行车装上翅膀并在基蒂霍克的沙丘上飞行。飞机不是飞行的自行车。

有个故事被讲述了很多次，通用汽车通过把市场细分成 5 个不同价格的品类而成为领先的汽车公司：雪佛兰、庞蒂亚克、老爷车、别克和凯迪拉克。"制造适合每个经济阶层和用途的汽车"是通用汽车公司的座右铭。

分化思维曾经使通用汽车成为主导性的汽车生产商。

但是融合思维也使通用汽车公司陷入困境。便宜的凯迪拉克和昂贵的雪佛兰只是通用汽车公司所犯的众多错误中的两个。这些错误混淆了通用汽车 5 个品牌的差异性。

如果通用汽车执行分化思维，他们就应该增加品牌之间的区隔。雪佛兰应该更便宜，而凯迪拉克应该更贵。

如果通用汽车那么想，今天你可能买到中国产的便宜的雪佛兰和同奔驰一样具有声望的凯迪拉克。（有一种错误的想法，就是认为国产的无法和进口的同样尊贵。国产的同样可以是尊贵的，但绝不能是低价产品。）

让雪佛兰轿车便宜，让凯克拉克更贵，就能为中间的庞迪亚克、老爷车和别克腾出更大的空间。通用公司也应该使土星（Saturn，这是个损失惨重的错误）成为多余的产品。

自然界推动物种分化

这是自然界的发展规律。随着时间流逝，物种之间的竞争使它们产生分歧。狮子和老虎可能有共同的祖先，但随着时间的推移，它们变得越来越不同。

达尔文这样描述："自选择还能引致性状的分歧，因为生物的构造、习性以及体质分歧越大，则这个地区所能维持的生物就越多……所以，在任何一个物种的后代变异过程中以及在一切物种增加个体数目的不断斗争中，后代如果变得越分歧，它们在生存斗争中就越有成功的好机会。"

但人性的规律并非如此。我们的心智寻找走向中间地带的借口。我们不能容忍变古怪或不寻常的想法。当某个人脱离主流的时候，最常见的评价就是"这人哪里出问题了"。

面对它。融合是主流思维，分化不是。因此需要我们这样的书。机会永远不在主流这一边，它们总在竞争较弱或没有竞争的边缘。

汽车营销中的任何创新都可能超过艾尔弗雷德·斯隆（Alfred Sloan）在通用汽车公司的理念。但是有很多汽车创新证明了分化思维的力量：

- 大众（Volkswagen）通过成为小型汽车新品类的第一品牌而成为强大的汽车品牌。

- 吉普（Jeep）通过成为运动型多功能车新品类的第一品牌而成为强大的汽车品牌。

- 悍马（Hummer）通过成为军用汽车新品类的第一品牌而成为强大的汽车品牌。

- 克莱斯勒（Chrysler）通过成为微型厢式车新品类的第一品牌而成为强大的汽车品牌。

- 凯迪拉克（Cadillac）通过成为高档美国轿车新品类的第一品牌而成为强大的汽车品牌。

- 克尔维特（Corvette）通过成为美国跑车新品类的第一品牌而成为强大的汽车品牌。

- 保时捷（Porsche）通过成为高档跑车新品类的第一品牌而成为强大的汽车品牌。
- 宝马（BMW）通过成为终极座驾新品类的第一品牌而成为强大的汽车品牌。
- 沃尔沃（Volvo）通过成为安全轿车新品类的第一品牌而成为强大的汽车品牌。
- 奔驰（Mercedes-Benz）通过成为高档进口轿车新品类的第一品牌而成为强大的汽车品牌。
- 劳斯莱斯（Rolls-Royce）通过成为超级高档进口轿车新品类的第一品牌而成为强大的汽车品牌。

就像个人电脑为英特尔和微软之类的部件品牌创造了机会，汽车也为固特异（Goodyear）和永久（Diehard）之类的部件品牌提供了机会。OnStar 是正在创建中的一个新的部件品牌，它是通用汽车公司的安全和信息服务品牌。

自行车的分化

自行车的发展道路和汽车是一样的。最早的大品牌是施文（Schwinn）。但是自行车品类分化了，如今我们有公路自行车（Cannondale）、山地车（Trek）、BMX 自行车（GT）和童车（Huffy）。还不包括自行车部件品牌，比如生产头盔的 Bell、生产悬架的 RockShox 和生产鞋子的 Sidi。

施文开发了第一辆健身自行车并掀起了席卷美国健身俱乐部的固定自行车热。他们把施文这个名字放在这种自行车上真是太糟糕了。用新名字可能会让公司免于破产申请。当健身自行车风靡时，施文的其他自行车则滑出了道路。

像施文这样的领先品牌应该做什么来避免被品类细分撕裂呢？传统

智慧认为要顺市场而动，但是当市场朝着多个方向发展时该怎么做呢？

像通用汽车那样做。你应该推出第二个或者第三个品牌来把握分化的细分市场，而不要试图用施文这个名字涵盖所有的自行车。

早期推出第二品牌战略就能奏效。刚起步的公司都是规模小、资金少，由有眼光的创业家领导。品类领先者通常具有资源、有组织和设施发动有效的反击。不幸的是，品类领先者常常缺乏推出第二品牌的远见。

达美航空（Delta Airlines）花了 32 年才对 1971 年建立的西南航空公司（Southwest Airlines）构成的威胁进行反击。达美航空推出了叫做 Song 的无虚饰服务[⊖]翻版航空品牌，但已为时太晚。优势在西南航空这一边，更不必说资金和资源了。

令 Song（以及联合航空公司的 Ted）的问题更复杂的是航空市场挤满了成功的独立新秀，如捷兰航空（Jetblue）和穿越航空（AirTran）。

如果你准备推出第二品牌，你需要及早做，赶在竞争对手站稳脚跟之前。

市场营销中的分化

如今营销中的热点话题是"整合营销"。有些专业人士呼吁把广告、公关、直邮、促销和其他活动融合成一个实体。早已经有整合营销的公司，为美国公司提供服务。这些公司的战斗口号就是"未来潮流"。

这个潮流会包括整合运营，即不同活动间的紧密合作吗？毫无疑问，会。

我们会看到广告、公关、直邮和促销公司消失而合并成一个叫做"整合营销"机构的大品类吗？毫无疑问，不会。

分化会继续推动各种活动的分离，创造出越来越多的专业机构和

⊖　免去了乘机中不必要的服务项目。——译者注

新品类，如互联网机构。比如在广告业，分化比融合更多，大大小小的传统广告公司服务分支出去，如最近出现的媒体购买。

看看军队，你就会发现今后在营销中会发生什么。

陆战队的三个传统分支是步兵、炮兵和骑兵。随着时间流逝，骑兵进化成装甲部队，而通过分化增加了空军这个分支。

今天军队中最热门的题材是"整合行动"，即各个分支之间的紧密合作。如今，空军、装甲部队、炮兵和步兵一起密切合作，但是这意味着国防部会把四个分支合并在一起吗？

绝不可能。分化继续推动着四个分支的分离，促使军队投入几十亿美元购买通信设备来协调联合行动。

营销人员也应该期待同样的事情。随着时间流逝，新活动将得到发展，重要性也会增加，直到它们从主流中分离出去。这种情况同时发生在公司的内部和外部。

然而所有的谈论都围绕着整合和融合。《广告时代》报道说："虽然整合被视为如今市场营销的圣杯，但很少有人发现它的秘密。"根据出版界的统计，在 1993 ~ 2003 年 10 年中，"整合营销"一词被提及960 次。

但这只是光说不练。此外，无论什么时候，只要在讨论中谈到圣杯，你就基本能确定他们谈论的东西永远都不会发生。

THE
ORIGIN
OF
BRANDS

定律 9

低科技品牌的大树
The Great Tree of Low-Tech Brands

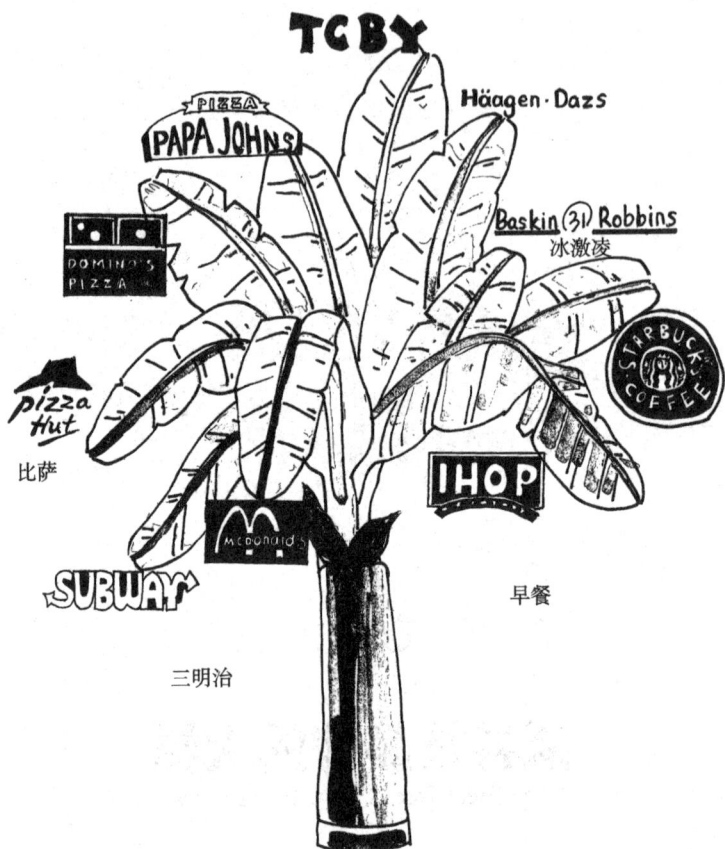

　　20 世纪 50 年代的咖啡店分化出了三明治、早餐、比萨、冰激凌和很多其他品牌。

消费品证明了它们身上的分化和高科技产品一样多，甚至可能更多。

回顾历史。50 年前，美国每个小镇都有咖啡店。你会在咖啡店里找到什么吃的？你能找到所有吃的。鸡蛋、熏肉、煎饼、汉堡、热狗、鸡肉、汤、三明治、冰激凌、馅饼、油炸圈饼、蛋糕、软饮料，当然还有咖啡。20 世纪五六十年代的大多数咖啡店都是夫妻经营，除了店主能拿一份平常工资外，利润很少甚至没有利润。

如果你在 20 世纪中期的中美洲拥有一家传统的咖啡店，你要如何改善经营？融合论者可能会关注两个问题：菜单和选址。

"说到菜单，"融合论者可能会说，"或许我们可以增加新的菜品来提高销售额。购买在贸易类出版物上登过广告的这种新型比萨机器如何？或者，我们可以买一台 Tom Carvel 正在兜售的软冰激凌机器？"

很合理。如果你要卖得更多，你就需要更多的东西去卖。但是，合理的东西在市场上就往往不合理了。

如今的咖啡店（麦当劳餐厅）已经尝试在菜单上增加了鸡肉、比萨、软冰激凌、蔬菜汉堡和其他大量的食品。然而，麦当劳看起来日渐衰弱，并没有日趋强大。

"说到选址，"融合论者很可能会说，"我们或许可以把咖啡店开在人流量较大的地方来提高销售额。大卖场、火车站、汽车站、零售店和酒店大堂。"

如今的咖啡店也已经尝试过这个战略，你能在各种地方看到麦当劳和汉堡王餐厅。

咖啡店的分化

回到 20 世纪 50 年代，从分化论者的角度来看看同样的咖啡店。"咖啡店中最流行的菜品是什么？汉堡。让我们来开一家以卖汉堡为主的咖啡店吧。"

1948 年在加利福尼亚州的圣贝纳迪诺，迪克（Dick）和马克·麦克唐纳（Mac McDonald）就是这么做的。他们开了以卖汉堡为主的"咖啡店"。（菜单上有 9 个菜品：汉堡、吉士汉堡、炸薯条、咖啡和其他 5 种饮料。）如果你不喜欢汉堡，你就显然不会去麦当劳用餐。

13 年之后，麦克唐纳兄弟以 270 万美元的价格把麦当劳卖给雷·克罗克（Ray Kroc）和他的合伙人（这对咖啡店主来说是个不错的回报）。但是麦当劳兄弟错过了发大财的机会。麦当劳公司后来成为全球最大的快餐连锁。

你如何称呼成功的分化论者？我们称他们为融合论者，因为他们的分化战略一旦成功，就会变成完全相反的人。

当然会有为融合论疯狂的人，融合不会成功，但在会议室里很动听。强强联合、共生、交叉销售、开发品牌资产、一加一等于三，等等。

麦当劳在过去 43 年里一直在扩展它的菜单。今天的麦当劳看上去越来越像从前的咖啡店。

把麦当劳和 In-N-Out 汉堡做个比较。后者是加利福尼亚的快餐连锁，坚持以汉堡和薯条为基本菜品的菜单。麦当劳在美国的单店销售额为 150 万美元，而 In-N-Out 汉堡的单店销售额达到 190 万美元。

（最初 20 世纪 50 年代麦当劳兄弟在圣贝纳迪诺的餐厅年销售额超过 40 万美元，如果考虑到通货膨胀的话，这个数字相当于现在的 290 万美元。）

麦当劳本该怎么做？利用房产、金融和运营能力推出一个第二品牌，甚至第三、第四品牌。

同样把卖汉堡作为分化机会的咖啡店，还提供了很多其他打造品牌的机会。

■ 鸡肉：肯德基；

■ 烤牛肉：Arby's；

■ 热狗：Wienerschnitzel；

- 咖啡：星巴克；

- 油炸面圈：唐恩都乐（Dunkin' Donuts）；

- 肉桂卷：Cinnabon；

- 曲奇：Mrs. Fields；

- 冰激凌：芭斯罗缤（Baskin-Robbins）；

- 冷冻酸奶：TCBY；

- 煎饼：International House of Pancakes；

- 华夫饼：Waffle House；

- 比萨：必胜客；

- 三明治：Panera；

- 潜水艇三明治：赛百味。

白桌布餐厅的分化

50 年前美国的每个小镇都有白桌布餐厅。

白桌布餐厅供应什么样的食物？没人想到为烹饪归类，因为没有其他类型的高端餐厅来彼此区分。餐厅的标牌通常会写着"吃饭的好地方"。

当然，还有其他类型的餐厅，但是这些餐厅主要为少数人群服务。（第一家比萨店于 1905 年在纽约开张，是为意大利移民服务的。）

之后"吃饭的好地方"这一细分市场开始分化。如今有很多不同类型的"吃饭的好地方"。比如，在亚特兰大的黄页上就列出了 35 类：

烧烤、卡真味、克里奥尔风味、加勒比海风味、鸡肉、中餐、欧洲大陆菜、古巴菜、法国菜、德国菜、希腊菜、印度菜、爱尔兰菜、意大利菜、牙买加菜、日本菜、韩国菜、犹太菜、黎巴嫩菜、Mandarin、墨西哥菜、中东菜、波斯菜、秘鲁菜、比萨、海鲜、汉城菜、南方菜、西南菜、牛排、瑞士菜、泰国菜、素食、越南菜，当然还有美国菜。

虽然他们没有把自己称为"美国餐馆",但大多数 20 世纪 50 年代吃饭的地方提供的都是如今称为美国菜的食物。时代真的不同了。

例如,在亚特兰大有 250 家餐厅,付费登在黄页中的只有 15 家,也就是 6% 的餐厅想让人知道自己是美国菜。(最大的品类是什么?墨西哥菜,占到了 35 家,即总数的 14%。第二位是中餐,第三位是日本菜。)

当新品类出现时,就代表了一个建立品牌的机会。有些是本土品牌,有些是区域性品牌,有些是全国品牌,而有些是全球品牌。一些全国餐厅品牌包括:

- Applebee's(烧烤);
- Arby's(烤牛肉);
- Benihana of Tokyo(日本菜);
- Olive Garden(意大利菜);
- On the Border(墨西哥菜);
- Outback(牛排);
- PF Chang's(中餐);
- 必胜客(比萨);
- Ruth's Chris(牛排);
- 塔可钟(墨西哥菜);
- Tony Roma's(肋排)。

以上这些并不一定都是吃饭的好地方。食品行业的品牌打造和其他很多行业一样,都是从底层开始的。第一个全球餐厅品牌不是白桌布餐厅,而是位于食品链底端的麦当劳。

高级餐厅会沿着麦当劳、汉堡王、赛百味和其他低端品牌的全球化道路走吗?我们认为会,但是需要时间。品牌的进化是缓慢的。

Bice 是一家高级意大利餐厅连锁,在全球 14 个国家开设了 28 家店。其他餐厅也肯定会照着做。

比萨的分化

分化从不停止。拿比萨这个品类来说，必胜客是第一家全国比萨连锁，并获得了很大的成功。随后达美乐比萨（Domino's）分化出去，聚焦于宅送，成为第二大的比萨连锁。

小恺撒（Little Caesars）从比萨品类分化出去，聚焦于"外卖"，成了主要外卖品类的品牌。

"棒！约翰"（Papa John's）从比萨品类分化出去，聚焦于升级概念，"更好的馅料，更好的比萨"。

就像在自然界中一样，分化会变得一团糟。当达美乐比萨刚开业时，它出售比萨、炸虾、鱼、薯条和烤鸡。当"棒！约翰"刚起步时，它出售比萨、牛肉芝士三明治、潜水艇三明治、炸蘑菇、炸南瓜、沙拉和洋葱圈。

随着时间的流逝，3个品牌都砍掉了次要的菜品，分别聚焦于宅送（达美乐）、外卖（小恺撒）和更好的馅料（棒！约翰），很像树木蜕掉次要的分支。

这是分化在起作用。随着时间的流逝，每个成功的品牌都会尽可能地变得和主品牌以及品类分支出去的其他品牌不同。

比萨这个主干上的新枝是 Papa Murphy 的 Take 'N' Bake 比萨，它与外卖和宅送竞争。在保温袋里放了30分钟的比萨不会和刚出炉的新鲜比萨一个味道。

Papa Murphy 通过出售"半烤"比萨解决这个问题。你可以在家里完成比萨的烤制。顾客可以在家里就享受新鲜出炉的比萨。

分化的动力

是什么推动了分化：顾客还是公司？事实上两者都是。可以与自然界中发生的情况做一个类比，生存条件（顾客）青睐或厌恶有机体（公司）身上发生的自然变异。

公司比自然界更能控制这个过程，因为公司不必等着自然变异的发生。它们可以有意识地推出新品牌来推动这个过程发生。

不幸的是，大多数公司的眼光是静态的，而不是动态的。它们只看到今天能做的事（融合），却看不到未来会发生的情况（分化）。

"如果我们把堂食、外卖和宅送比萨放在一起会怎样？我们会比必胜客、小恺撒和达美乐的总规模更大。"

假设比萨连锁可以解决涉及的运营问题（这是个大假设），这种想法还有一个致命缺陷，叫做自然选择。随着时间的推移，每个比萨品牌会朝着不同的方向发展。试图留在3个分化和进化品类上是非常困难的。（比萨的第二品牌只要和必胜客竞争就可以了。比萨融合品牌就必须和必胜客、达美乐和小恺撒竞争。）

比萨这个品类还在不断分化中。加利福尼亚比萨厨房（California Pizza Kitchen）开创了美食家比萨品类；Sbarro开创了切片比萨餐厅。Bertucci's聚焦于砖炉比萨；Pizzeria Uno正在传播对深盘芝加哥比萨的喜好。

百货商店的分化

数年前，百货商店统治了零售业。每个城市都有一个百货商店之王。纽约的梅西百货（Macy）、芝加哥的马歇尔·菲尔德（Marshall Field's）、亚特兰大的Rich's。随后出现了全国连锁：西尔斯（Sears）、蒙特马利·沃德（Montgomery Ward）和彭尼（JC Penney）。

众所周知，传统的百货商店都陷入了困境。人人都认为他们知道招致困境的原因：它们没有和顾客一起搬到郊区去，它们没有跟上最新的时尚，它们注重销售而忽视了服务。

相比于竞争对手做对的事情，百货商店的错事就微不足道。和咖啡店一样，百货商店被分化吞噬了。每个百货部门产生了聚焦狭窄的全国品牌，迅速主导了其所在的品类。

- 运动鞋品牌成了 Foot Locker；
- 婴儿用品品牌成了 Babies "Я" Us；
- 床上用品品牌成了 Bed Bath & Beyong；
- 图书品牌成了巴诺（Barnes & Noble）；
- 休闲服品牌成了 Gap；
- 消费电子品牌成了百思买（Best Buy）；
- 家具品牌成了 Rooms-To-Go；
- 家用器皿品牌成了 Crate & Barrel；
- 珠宝品牌成了 Kay Jewelers；
- 皮衣品牌成了 Wilsons Leather；
- 女性内衣品牌成了 Victoria's Secret；
- 化妆品品牌成了丝芙兰（Sephora）；
- 床垫品牌成了 Sleepy's；
- 男士西装品牌成了 Men's Wearhouse；
- 宠物用品品牌成了 PetsMart；
- 加大码服装品牌成了莱恩·布莱恩特（Lane Bryant）；
- 理发沙龙品牌成了超级理发师（Supercuts）；
- 鞋品牌成了 Famous Footwear；
- 运动用品品牌成了 Sports Authority；
- 年轻人休闲品牌成了阿贝克隆比 & 贾奇（Abercrombie & Fitch）；
- 玩具品牌成了玩具反斗城（Toys "R" Us）；
- 地下室的净空部分，当然成了沃尔玛，全球最大的零售商。

有趣的是，几乎所有这些百货商店的品类主导品牌都是由个人而不是大公司创建的。山姆·沃尔顿创办沃尔玛是从在阿肯色州开的一家店开始的。唐纳德·费希尔（Donald Fisher）创办 Gap 是从在旧金山开的一家只卖牛仔服和音乐作品的店开始的。查尔斯·拉扎勒斯（Charles Lazarus）创办的玩具反斗城是从在华盛顿特区开的一家店开始的。

大公司通常没有耐心或眼光看到分支中的机会。大公司想追逐现有的市场，越大越好。

山姆·沃尔顿于 1945 年在阿肯色州纽波特开办了 Ben Franklin 特许经营一角硬币店。到了 1962 年，沃尔顿拥有了 15 家 Ben Franklin 店，以"沃尔顿 5&10"为名运营。

同一年，他只在阿肯色州罗杰斯开了一家沃尔玛折扣店，因为 Ben Franklin 管理层拒绝了他在小城镇开折扣店的提议。

（什么？大公司管理层错过了拥有最终成为有史以来最成功的零售品牌的机会？当然，这种事情总是在发生。）

公司的分化

如今称为外包的东西 10 年来已经成为公司发展的趋势。令人惊讶的是，很多公司的活动实际上都是由外包专家处理的，这为打造品牌创造了很多机会。

广告（Young & Rubicam）、会计（普华永道）、薪资（ADP）、电脑运行（电子数字系统）、电脑软件开发和安装（埃森哲）、税务准备（H&R Block）、复印和邮寄（Ikon）和钱款运输（Brinks）。

每次当外包功能成为一项足够大的业务时，就有进一步分化的机会。比如在薪资领域，Paychex 通过聚焦小公司而发展成 10 亿美元的业务（Paychex 拥有 49 万客户）。

如今一家典型的公司或许还能外包维修服务、门卫服务、保安服务、就餐服务、园林服务、绿化服务和很多其他服务。"做你最擅长的工作，其他事交给别人去做"成了很多现代公司的座右铭。

生产曾经是一家公司的运营核心，它是最近被外包的公司活动。耐克就是个明显的例子，但是这种做法被广为传播。超过一半的产品不是由包装上印着的品牌的公司所生产的。

在高科技领域，年收入达到 130 亿美元的新加坡公司伟创力（Flextronics）已经成为一个知名品牌。它在五大洲设有工厂，为阿尔卡特、戴尔、爱立信、惠普、微软、西门子和其他公司生产产品。

总体来说，在所有行业，当有人说："我们应该在哪里制造产品？"第一个想到的品牌就是"中国"。在电脑软件领域，第一个想到的品牌是"印度"。

外包中的超级形式就是将自己的员工外包。成百上千家公司向美国公司出租雇员，Administaff 就是其中之一。这些被称为"专业雇员组织"的外包公司是美国经济中增长最快的板块。

医药和法律的分化

人类奋斗的领域中没有一个比医药专业更能证明分化定律了。

人类的身体在几千年里并没有发生很大变化，但是给人治病的人却改变很大。医生曾经是"博士"。今天这门学科分化成 24 个主要专业：过敏和免疫学、麻醉学、结肠与直肠手术、皮肤学、急诊医学、家庭医疗、内科医学、医学遗传学、神经科、核医学、妇产科、眼科、矫形外科学、耳鼻喉科、病理学、儿科、无力与康复治疗学、整形外科、预防医学、精神病学及神经学、放射学、外科学、胸外科和泌尿科。

这还只是一部分。这些专业中的大多数都已经分化出次专业。内科学现在有 16 个次专业：青少年医学、心血管疾病、临床和实验室免疫学、临床心脏电生理学、危重病学、内分泌学、胃肠病学、老人科、血液科、传染病学、介入心脏病学、内科肿瘤学、肾脏学、肺病学、风湿病学和运动医学。

律师们也走过了同样的道路。每位律师都是专才。看一下黄页，你会发现这样一些品类：管理机构和政府法规、海事法、反垄断和行业规定、上诉惯例、航空法、破产和减免债务、民权、电脑法、建筑法、消费者法、公司法、债权人权利和商业法、犯罪法、残疾人法、离婚和家庭法、老人法、雇佣歧视法、雇佣法、娱乐和运动法、环境法和自然资源、特许权法、移民和海关法、国际和外事法、青少年法、劳动法、过错和职业渎职法、仲裁服务、专利商标和版权、养老金和员工福利、人身伤害和不正常死亡、房地产法、保安法、社会治安法、税法、遗嘱和财产转移法、工人补偿法等。

如果融合法律和医学的推动力，那么医生应该获得法律学位，这样他们就能自己处理医疗事故案件而省钱了。

分销渠道的分化

另一个现象是渠道的分化。随着时间的流逝，销售产品或服务有了多种渠道。经验丰富的营销人员有时能通过创造一个新的分销渠道而不是新产品来打造品牌。比如直销个人电脑的戴尔、大商店俱乐部的好事多、多级营销的安利（Amway）。

恒适（Hanes）是通过百货商店渠道销售的连裤袜第一品牌。但是女士们并不经常到百货商店购物，所以恒适决定推出一个超市品牌。他们选择了 L'eggs 这个名字，它成了乡村连裤袜的领先品牌。并不是推出新产品，而是在新的分销渠道用了一个新名字。

美宝奇（Paul Mitchell）成了 10 万家理发店在售护发产品的领先品牌。John Paul MitchellSystems 是最大的私人护发产品公司，估计年销售额达 6 亿美元。

在医药领域，很多处方药在开发"直接到顾客"的准渠道 [保妥适（Botox）就是个典型的例子]。通过直接向顾客推销药品，医药公司打造强大的品牌。当然，医生做最后的决定，但是他很容易被顾客的偏好所左右。

另一个通过渠道打造品牌的例子就是 AmeriScan，它直接向顾客提供高科技医疗扫描。AmeriScan 已经开了 12 家扫描中心（还会开更多），它希望很快有一天能有一个提供 CT 扫描、核磁共振扫描（MRI）和电子束微探针（EBT）检查的全国连锁。这符合顾客正从医生那里承担更多健康责任的大趋势。

为什么不？你是关注肺癌的吸烟者吗？做一下低能量 CT 扫描检查一下。（更好的方法是戒烟。）

家中的分化

在家里四处看看，你会发现分化在发挥作用。在每个房间里，都有分化和征服的机会。

看看墙角。如果你能在冬天加热空气让房子更舒适，为什么不能在夏天做相反的事呢？所以就有了空调。

空调和壁炉融合在一起了吗？不，空调是独立的电器。现在有两个打造品牌和主导品类的机会。

看看厨房。炉子和冰箱结合在一起了吗？当然没有。现在我们有木炉、煤气炉、电炉、平顶炉，还有很多类型的炉子会出现。微波炉也没有和常规炉子融合在一起。微波炉成了独立的品类，被和炉子无关的品牌所主导。

比如说冰箱。它没有和其他电器融合在一起，相反，很多人有两个冰箱，一个常规冰箱和一个冷冻冰箱（高端品牌都是 SubZero）。你可能还会找到一个葡萄酒冰箱（EuroCave）。

很多厨房都摆满了各种电器。洗碗机、面包机、咖啡机、浓咖啡机、电动搅拌机、混合器、电华夫机、冰激凌机、电刨冰机、电面包机、电动刀、食品加工机、空气净化器、电扇等。

当然，曾经出现过融合设备，抓住了想象力和一波公关潮。例如，在 1973 年，卡尔·萨西米亚（Carl G. Southeimer）推出了 Cuisinart，一种能切片、捏团、剁碎、切方块、磨碎、磨粉甚至还能混合的搅拌器。这是个超级融合的产品，是厨房里的瑞士军刀。

一个例子还不足以证明某种趋势。Cuisinart（和它的模仿者）现在仍在销售，但是这类产品的市场很小。实际上，Cuisinart 公司在 1989 年破产了。

比如说吸尘器。多年前，每个家庭都有一个立式吸尘器（Hoover）。今天你会发现轻型吸尘器（Oreck）、罐形吸尘器、手持吸尘器、干湿吸尘器，甚至全家清洁系统。

你还会发现速易洁（Swiffer）。它工作起来就像拖把，除了把手上有一个开关，能够在地板上喷洒清洁剂。（创造一个独特品牌名的方法之一就是把主要特性"swiffer"改一个或几个字母。）

还有 Roomba。售价 200 美元的机器人吸尘器使用智能导航技术，能在你睡觉、做事或坐着休息时清洁地板。

比如说电灯。GE 这个品牌是由通用电气（GE）公司推出第一盏白炽灯而创建的。今天我们有氖灯、卤灯和荧光灯。还有很快就要出现的在很多应用中具有优势的发光二极管（LED）。它在交通信号灯中能节省 80% 的电，寿命长达 10 倍。

有人会创建一个 LED 品牌吗？可能会。但是未来可能属于三大电灯品牌：通用电气、Sylvania 和飞利浦的延伸产品。大公司在能延伸自己的著名品牌时很讨厌推出新品牌。

酒店的分化

酒店曾经就是酒店。如今你能在常规酒店（希尔顿）、套房酒店

（Embassy Suites）、汽车旅馆（假日酒店）和公寓酒店（Estended Stay America）过夜。还会出现更多的选择。

此外，你还能选择高档酒店（四季酒店）、中等价位酒店（万豪）或平价酒店（Hampton Inns）。

你可以躺在内置弹簧的床垫（Sealy Posturepedic）、充气床垫（Select Confort）、海绵床垫（TempurPedic）上或水床上。高端产品有Dux 床垫，它有 2 000 ~ 4 980 根弹簧，而普通床垫只有 300 ~ 1 000 根弹簧。

奇怪的是，在高端创建品牌总是比在低端容易。高端品牌自然会吸引公关。比如，劳斯莱斯就是一个推广上花费少销量也小的知名品牌。

此外，你通常能比在低端赚更多钱。沃尔玛就是最好的例子。

食品的分化

如果牛知道在一个导管里可以配成多少种牛奶，它会很震惊。全脂牛奶，含脂 2%、1.5%、1%，脱脂奶，鲜奶油，淡奶油，半鲜奶油，乳酪，脱乳糖牛奶（lactaid），耐储存牛奶（parmalat）和有机奶（horizon）。

最新的牛奶分化产品是豆奶。2003 年豆奶的销售额是 2.27 亿美元，比前一年增长了 15%。Silk 主导了豆奶品类，拥有 80% 的市场份额，它可能是过去 10 年中打造的最佳新品牌名。通过把大豆（soy）和牛奶（milk）两个词合在一起，该品牌主创造一个独特而暗示着品类含义的名称。一个品牌名只有 4 个字母，真了不起。

有融合的牛奶产品吗？有，巧克力牛奶就是一个。就像其他所有融合产品一样，巧克力牛奶体现出三个特征：①它抓住了顾客的想象力，特别是如果顾客只有 6 岁的话；②它只占牛奶市场的很小一部分；③它最主要的好处就是方便。你不必把巧克力汁和牛奶混合在一起。

然而，要注意的是，你放弃了口味的好处，因为你无法调节玻璃杯里巧克力汁的含量。因此，好时（Hershey）巧克力汁是个大品牌，而巧克力牛奶则不是。

TiVo、瑞士军刀、手机/掌上电脑/照相机和巧克力牛奶是一样的。它们结合了"令人惊喜"的因素、便利和很小的销量。尽管融合在市场上并不成功，但它绝不会灭亡。惊喜因素会让融合在今后几十年间都存活下去。

脱脂牛奶是最缺乏惊喜因素的，却是分化定律很好的例证。你可以把产品（牛奶）中的某些东西（脂肪）去掉，比在该产品上增加其他东西（巧克力）更赚钱。

你在超市里到处可以看到品类的爆炸。更多种类、更多规格、更多价位。比如，在橙汁品类中就有几乎和牛奶一样多的种类。普通、浓缩、无果肉、多果肉、加钙、加倍维他命C、低酸、低糖，甚至还有去掉胆固醇的橙汁（Minute Maid Heart Wise）。通过一个巧妙的营销手段，纯果乐（Tropicana）成了橙汁的第一品牌，它创建了一个叫做"非浓缩制成"的新品类。

在芥末市场，有经典的黄色（French's）、棕色（Gulden's）和第戎（Grey Poupon）。

每个新概念可以创造打造新品牌的机会。不含脂肪（SnackWell's）、健康（Healthy Choice）、冷冻（Birds Eye）、有机（Horizon, Muir）、低碳（Atkins, Keto）。

在食品分销领域，你也会开始看到在传统食品和可能叫做天然、有机或健康食品的新品类之间的大分化。

后者的主导品牌是全食超市（Whole Foods Market）。全食超市在25个州开了140家分店，是全球第一个天然食品连锁。2003年的销售额增加了17%，而三大传统超市[克罗格（Kroger）、艾伯森（Albertson's）和西夫韦]的销售额加起来还下降了2%。

全食超市是一个值得关注的品牌，因为美国人吃得越来越健康了。

加法 vs. 减法

加法（融合）是市场营销中的光辉面，而减法（分化）是赚钱面。

另一个做减法的牛奶产品是黄油（Land O Lakes）。去掉奶油做成黄油，剩下的做成鲜奶油。

还有个美食家黄油（gourmet butter），其脂肪含量很高（Plugra）。还有大豆黄油或人造黄油（我无法相信它不是黄油）。

冰激凌也走过了类似的道路。半脂肪、低脂肪、无脂肪和无糖冰激凌。还有"双份脂肪"冰激凌 [哈根达斯和本杰瑞（Ben & Jerry's）]。

另一种不同寻常的减法产品是无硬皮面包，是 1999 年在西班牙推出的，目前在美国销售的有 IronKids 无硬皮面包。因为硬皮会从面包的白色部分吸收水分，所以无硬皮面包能保持更长时间的松软。在西班牙，这种面包在推广时被称为"百分百松软"。

先思考品类，再思考品牌

除非你能从品类的角度定义一个新品牌，否则新品牌就不可能成功。美国最流行的水果是香蕉，但是对大多数人来说，香蕉就是香蕉。

然而，在种植香蕉的国家就有不同类型的香蕉。最普遍的一个品种就是西班牙的"小黄金"，或者叫 Oritos。Oritos 在美国的超市里有不同的名字，包括 Chiquita 和 Bonita，但很多人认为它们是还没长大或没成熟的香蕉。

当你能花更少的钱买到正宗的香蕉时，为什么要花更多的钱去买没长大的香蕉呢？除非你把还没长大的香蕉看成是不同的品类。

美国中部的人喜欢 Oritos，是因为这种香蕉比大香蕉的口味更重一些。我们相信你可以将 Oritos 推向不同的方向，主题就是"双倍口味，减半卡路里"。当然，要用一个新的品牌名。

盐曾经就是盐。现在我们有了海盐、犹太盐、爆米花盐和无盐盐（氯化钾而不是氯化钠）。

口香糖曾经就是口香糖。我们现在有了泡泡糖（Bubble Yum）、薄荷味口香糖（绿箭）、无糖口香糖（Trident）、洁齿口香糖（Trident White）、尼古丁口香糖（Nicorette）、益齿口香糖（Freedent）、水果味口香糖（黄箭）、口味持久的口香糖（益达）以及清新口气口香糖（Dentyne）。

箭牌（Wrigley's）仍然主导口香糖品类，占美国市场份额的一半以上，因为他们很快推出新品牌开发分化的品类。

在不断扩展的品牌大树上，每个新枝都会引发其他枝条的分化。例如，微波炉为创建新食品品牌创造了很多机会。最新的产品是快速烹调肉。现在的选择包括 6 分钟牛肉锅烤、5 分钟菠萝味火腿、5 分钟干烧沙司猪肋条和 9 分钟肉条。

饮料的分化[⊖]

水曾经就是当你打开水龙头流出来的东西，唯一的区别就是纽约水、芝加哥水、洛杉矶水等。现在市场上有很多瓶装水的品牌。雀巢公司就有 5 个品牌：Poland Spring、Arrowhead、Deer Park、Ozarka 和 Zephyrhills。

当水冲刷过后，领先品牌可能就是爬上独立分支的品牌。常规水（Aquafina）、高档水（依云）、加钙水（AquaCal）、尼古丁水（Nico）、咖啡因水（Water Joe）以及氟化婴儿水（Nursery）。

啤酒曾经就是啤酒。今天我们有常规啤酒（百威）、淡啤（莱

⊖ 广义上的饮料包括酒和所有不含酒精的饮品。——译者注

特）、低热量啤酒（Ultra）、黑啤（Newcastle）、扎啤（MGD）、冰啤（Icehouse）、高档进口啤酒（喜力）、高档本土啤酒（Michelob）、低价啤酒（Busch）、微酿啤酒（Samuel Adams）、蒸汽啤酒（Anchor）、小麦啤酒（Hefeweizen）、墨西哥啤酒（科罗娜）、德国啤酒（贝克）、加拿大啤酒（Labatt's）、日本啤酒（朝日）、澳大利亚啤酒（Foster's）、意大利啤酒（Peroni）、中国啤酒（青岛）、比利时啤酒（Stella Artois）、爱尔兰啤酒（Harp）、无酒精啤酒（Clausthaler）和很多其他品种。甚至还有酒精含量25%的极端啤酒，每瓶售价达到100美元（Samuel Adams Utopias）。

随后出现了烈性啤酒（Guinness）、浓啤酒（Bass），甚至还有麦酒（Sierra Nevada）。

饮料新品类出现了大爆炸。新时代饮料有Clearly Canadian，天然饮料有Snapple，运动饮料有佳得乐，青少年饮料有激浪，能量饮料有红牛。

成功的公司创建新品牌主导每一个新生品类。安海斯－布希公司曾经聚焦于一种啤酒——常规百威。如果他们没有推出Michelob和Busch，这家公司可能会错失两大重要的细分市场。如今，Michelob是销量最大的高档美国啤酒。百威是销量最大的常规美国啤酒。Busch是销量最大的低价美国啤酒。

有一段时间，融合饮料成了"时尚"饮料，但好景不长。正在发展的流行软饮料彩虹苏打（rainbow soda）正面临危机。这是种所有饮料的混合物，可乐、柠檬汁和橙汁。它可能口味非常棒，但是它违反了自然规律，甚至看起来有些令人讨厌。（认知就是一切。）

同时在俱乐部里流行的饮料是长岛冰茶（伏特加、龙舌兰酒、朗姆酒、杜松子酒、橘皮酒、酸甜水和可乐）。"混合烈酒，难受之极"是在喝了太多长岛冰茶后的第二天早上通常发生的抑制作用。

然而，通常来说，把不同品类饮料混合在一起通常不仅会造成宿醉，而且会造成灾难。一半是杜松子酒一半是伏特加的烈酒品牌（ginka）会成功吗？（这两种酒是两个品类中最好的酒。）

一半是咖啡一半是茶的饮料（coftea）会成功吗？

咖啡和茶是饮料大树上的强大枝干，它们绝不会融合在一起。相反，咖啡分化成了不同品类，有速溶咖啡（雀巢）、高级咖啡（哥伦比亚）、冻干咖啡（美食家之选）、风味咖啡（Millhouse）和意大利浓咖啡（Illy）。

趋势的分化

很多经理人沉迷于追随最新趋势，而事实是趋势常常会分化，一下子就朝两个不同方向前进。高脂肪和低脂肪、美食家和低价、超大型和微型。比如，在汽车行业，趋势朝着凯迪拉克 Escalade 等大型 SUV 发展，同时市场上最热销的轿车是 Mini Cooper。

更好的战略是把品类带向不同的方向，开创自己的趋势。这通常意味着违背传统智慧。

比如，在食品行业，更大就是更好。"你要做成超大的吗？"这是麦当劳通常问的一个问题。没人会说："你想把你的食品做成微型的吗？"

然而，微型奥利奥和微型士力架就像 Palm（微型电脑）和 Game Boy（微型视屏游戏机）那样非常成功。"微型"是能帮你构思新的分化品类的概念之一。

微型怀表变成了腕表。微型照相机变成了世界上第一部 35 毫米照相机莱卡（Leica）。微型收音机变成了世界上第一台半导体收音机索尼。微型主机电脑变成了个人电脑。微型激光打印机（曾经只用于主机电脑上的设备）变成了惠普的激光打印机，这个突破性的产品建立了惠普王国。

但是这个概念效果最好的时候，是在被用于开创新品类时，而不是在被用来暗示"不成熟"或会长大产品的未长大版的时候。它们不是未长大的胡萝卜，它们是 Belgium 胡萝卜。它们不是未长大的橙子，它们是皱皮 Clementines。

什么创造了这些新的细分市场

在自然界，时间的流逝和生存的竞争创造了新物种。

在市场营销中，时间的流逝只创造机会，它不会创造新的品类。公司通过营销努力创造新品类。

那就是为什么，那些把所有精力都投入"满足顾客需求"中的公司会走向困境。顾客在得到选择之前，他们也不知道自己要什么。

当喝啤酒的人在 20 世纪 20 年代走进酒吧时，他要一杯啤酒，酒吧招待给他一份扎啤。任何喝啤酒的人都不可能会要一瓶瓶装啤酒，直到 Schlitz、Pabst、米勒、安海斯 – 布希开始在全美国销售瓶装啤酒。

创造品类的是啤酒厂，而不是喝啤酒的人。

而且成为第一会得到回报。第一个全美国啤酒品牌是百威，现在它仍然是遥遥领先的品牌。

是市场营销创造了推出新品类的机会，而不是新品类为市场营销策划的繁荣创造了机会。

但是大多数公司在市场营销的"适者生存"中是被动的旁观者，它们认为推出好产品并配备优秀的客户服务就会获胜。

并非如此。赢家是推出新品牌、创建新品类的公司。赢家是佳得乐，而不是 Power-Ades；赢家是激浪，而不是 Mello Yellows；赢家是 Dr Peppers，而不是 Mr. Pibbs。

很多经验丰富的公司借助耗资巨大的广告推出新品牌，完全忘记了品类这件事。百事公司耗资 1 亿美元用广告推出了新可乐百事一号（Pepsi One），它是什么品类？百事一号如何同百事公司的现有健怡饮品轻怡百事区分？

甚至这个品牌名也毫无意义。你可能认为百事一号是含有一份卡路里的健怡饮品，然而它不是，它是没有热量的健怡饮品。Pepsi No（百事不含）会是一个更好描述特性的品牌名。

现在，轻怡百事的销量超过百事一号的比例大于 10：1。并不是说轻怡百事做得特别好，它的销量比健怡可口可乐低 42%。

时尚的作用

是什么导致了奇怪的成长？主干上的一根枝条会突然疯长，同时同一根主干上的另一根枝条会萎缩，有时会枯死。通常背后的推动力就是时尚。

是什么推动了时尚？是不断追求新和不同。正如某人曾经说的："任何绝对时尚的东西已经走在落伍的路上了。"时尚甚至发生在烈酒这样的品类中。

第二次世界大战后，可选择的饮料有威士忌，特别是黑麦威士忌。在酒吧中经常听到的就是"黑麦和苏打"。接下来的几代人青睐苏格兰威士忌，然后是杜松子酒、伏特加，如今增长最快的烈酒是龙舌兰酒，其第一品牌是金快活龙舌兰（Jose Cuervo）。（在美国最流行的混合饮料是玛格丽特。）

分化将继续推动烈酒行业吗？明天龙舌兰酒会有新的竞争者和新的机会创建金快活龙舌兰那样的品牌吗？我们毫不怀疑。

优秀的品牌经理就像优秀的冲浪运动员，他会到波浪前线，让品类推动品牌。你等待的时间越长，不仅无法推动品牌，反而会被波浪吞没。

没有一种饮料像葡萄酒那样发生了如此多的分化。普通葡萄酒有数百个品类、数千个品牌、数十万种酿酒期。部分品类包括博若莱（Beaujolais）、波尔多（Bordeaux）、勃艮第（Burgundy）、卡本内（cabernet）、香槟（champagne）、霞多丽（chardonnay）、墨尔乐（merlot）、加州葡萄酒（pinot）、雷司令（Riesling）、白索维农（sauvignon blanc）、希拉（Shiraz）和馨芳葡萄酒（zinfandel）。

葡萄酒领先出版物《葡萄酒观察家》（*Wine Spectator*）的网站评估超过了 11 万种葡萄酒。

时尚还推动了葡萄酒消费。波尔多和霞多丽曾经是热销葡萄酒，可今天墨尔乐和希拉成了热销品。

昨天流行的是法国葡萄酒，今天流行的是澳大利亚葡萄酒。

在葡萄酒、烈酒和几乎所有饮料品类中，存在很多分化，但几乎没有融合。法国把多种葡萄酒混合在一起的做法输给了百分百霞多丽、百分百墨尔乐、百分百希拉等纯种葡萄酒。这是个品类问题。人们想知道他们喝的是哪一个品类的酒，而不仅仅是哪个品牌的酒。

在苏格兰威士忌中，你也能看到同样的趋势，从混合麦芽到像 Glenfiddich 那样的单种麦芽。

服饰的分化

时尚也推动了服饰业务。时尚就像年纪，很残酷。在年轻的时候你可能是名流，但迟早你会变老而失去魅力，你甚至不得不用拐杖和助听器。

时尚品牌也是如此。某一天你甚至可能要让品牌沉睡。

卡尔文·克莱恩（Calvin Klein）曾经是一个强大的市场品牌，但是它在尊贵上输给了拉尔夫·劳伦（Ralph Lauren）。而拉尔夫正处于把尊贵输给汤米·希尔费格（Tommy Hilfiger）的危险中。汤米正处于把尊贵输给最新的火热品牌肖恩·约翰（Sean John）的危险中。

不时尚的服饰就卖不出去。另外，时尚的服饰不仅容易卖，而且售价都很高。

为什么有人愿意花 600 美元买一双莫罗·伯拉尼克（Manolo Blahniks）或周仰杰（Jimmy Choos）的鞋子？它们不实用，穿起来也不舒服，很难穿进去，甚至还会造成对脚的严重伤害。

因为它们是时尚。"脚趾的裂痕。"

与此相反的是澳大利亚制造的超级舒适的 UGG 靴子。凯特·哈德森（Kate Hudson）、莎拉·杰西卡·帕克（Sarah Jessica Parker）、卡梅隆·迪亚兹（Cameron Diaz）和奥普拉·温弗瑞都在穿。

在服饰业，打造品牌的核心不仅是创建一个新品类，而是要创造一个时尚的新品类。

耐克成为首选品牌，替代了 Keds。但是耐克仅仅创建了新品类（运动员鞋而不是运动鞋）是不够的。耐克也需要让这个新品类时尚化。

是什么让品牌变得时尚？简而言之，名人。任何时候，当人们看到有很多名人在穿某个品牌时，这个品牌就自动有了可信度，这个品牌就变得时尚起来。

大多数名人穿什么颜色？黑色。最时尚的颜色是什么？黑色。世界上最贵的信用卡，美国运通 Centurion，每年至少花费 15 万美元并且支付 1 000 美元的年费，它是什么颜色？黑色。

最畅销的高档苏格兰威士忌是什么颜色？黑色。[尊尼获加（Johnnie Walker）黑牌。]

黑色会继续成为最时尚的颜色吗？当然不会。当人人开始穿黑色时，名人们会开始换其他的颜色。（粉色看起来开始流行，特别是在妇女中间。）

推出新品牌就赢了

2004 年流行的是明年的落后者。在时尚界，你不能通过改变你的品牌以迎合今天的流行来获胜，而是要推出新品牌创造新品类。

拉尔夫·劳伦不应该把品牌延伸到很多新品类中，而应该考虑创建一个新品牌来抓住等待下一个时尚的未来的顾客。

李维斯（Levi Strauss）也是一样。其销售额从 1996 年的 71 亿美元下滑到 2002 年的 41 亿美元，而它正忙着把核心品牌延伸到 Levi's501、505 和 Silvertab 品牌上。

现在你可以在 Neiman-Marcus 购买 200 美元一条的 Levi's Vintage ；Barneys 的 Levi's Premium 售价 110 美元一条 ；Kohl's 店里 Levi's Type1 售价 85 美元一条 ；梅西百货的 Levi's Red Tab 售价 35 美元一条 ；沃尔玛的 Levi Strauss Signature 售价 23 美元一条。

当品类分化时，李维斯在高端输给了迪赛（Diesel）和 Replay，在中端输给了汤米·希尔费格和福步（Fubu），在低端输给了 Wrangler 和老海军（Old Navy）。

一个主要的时尚推动力就是新一代的反叛。当孩子看到父母穿李维斯时，他们马上会寻找其他品牌。

结论：李维斯需要一个新品牌来吸引年轻一代。

新品牌，新公司

令人惊讶的是，有太多次，开创新品类的新品牌不是由既有公司创建的，而是由一家新公司创建的。在服饰领域，最近的例子就是 Under Armour。

10 年前，凯文·普兰克（Kevin Plank）是马里兰大学橄榄球队中的队员，他被运动时汗水浸湿的内衣搞得心烦意乱。他寻找更轻、更凉爽和更干燥的东西，最后推出了运动员内衣。

如今，他的 Under Armour 公司是全美国增长最快的私人公司之一，年销售额超过 1.2 亿美元。

大公司通常会晚一步加入运动员内衣这样的新品类中。耐克推出了 Pro Compression、锐步推出了 Play Dry。但谁会赢得运动员内衣之战呢？

我们认为这个新品类的开创者 Under Armour 会获胜。（参见定律 11 "第一者生存"。）

卫生间里的分化

过去，你要保持口腔健康，所需要的就是牙刷和牙膏。现在你有了漱口水（李施德林）、去牙垢漱口水（Plax）、牙线（强生）、扁平牙线（Glide）、牙龈刺激器（Butler）、牙龈刷（Sulca）、水刷（Water Pik）、电动牙刷（Sonicare）、电池电动牙刷（SpinBrush），甚至婴儿牙刷（Soft Grip）。

接着还有洁白牙齿的产品，比如佳洁士的 Whitestrips 和专业牙齿洁白系统（BriteSmile）。

可能没有一个品类能比剃须更能说明分化了。有干刮（Norelco）和湿刮（吉列）以及一次性湿刮（Bic）。然后出现了双层刀片剃须刀（Trac II）、可调节双层刀片剃须刀（Atra）、弹性双层刀片剃须刀（Sensor）、三层刀片剃须刀（锋速3）和四层刀片剃须刀（Quatto）。

在视力矫正领域，后继的分支有眼镜、双脚点眼镜、渐进镜片 [依视路（Varilux）]、隐形眼镜（Bausch & Lomb）和激光手术（Lasik）。

娱乐中的分化

在每一项运动中，都有分支出去创建新品类和新品牌的机会。

在滚轴溜冰运动中，轮子可以重新排列，创造出单排轮溜冰鞋（Rollerblade）。在滑雪运动中，滑雪橇可以减少一半，创造出滑雪板（Burton）。

在网球运动中，球拍可以做得更大 [王子（Prince）]。在高尔夫运动中，球杆可以做得更大（卡拉威 Big Bertha）。

卡拉威成了领先的高尔夫球棍公司。王子成了领先的网球拍公司。Burton 成了领先的滑雪板公司。Rollerblade 成了领先的单排轮溜冰鞋公司。所有这些品牌都是由创业家而不是大公司创建的。

还不信？请继续看。

音乐中的分化

60 年前，人人都听 *Your Hit Parade*，其特色就是弗兰克·辛纳屈（Frank Sinatra）和本周十佳上榜歌曲。

有一次弗兰克在白宫做客，富兰克林·罗斯福悄悄对他说："如果我保证不告诉别人，你能告诉我本周 *Your Hit Parade* 排名第一的歌曲是哪一首吗？"

时代的变化真大啊。今天，音乐界的圣经有 18 个不同的榜单：当代成人、成人前 40 首、蓝草、古典、古典跨界、当代爵士、乡村乐、舞曲、电子乐、hip-hop、拉丁流行乐、主流摇滚、现代摇滚、电影音乐、新时代音乐、墨西哥区域音乐和热带 / 萨尔萨。

Billboard 的 18 个榜单的每一个都有独立的榜首歌曲：Santana、Matchbox Twenty、Alison Krauss & Union Station、Andrea Bocelli、Josh Groban、Norah Jones、Toby Keith、Daniel Bedingfield、Louie Devito、50 Cent、Regina Carter、Marco Antonio Solis、Audioslave、Trapt、The Matrix Reloaded、Yanni、Los Bukis/Los Temeratios 和 Ibrahim Ferrer。（如果你认识所有这 18 位音乐之星，你要么在 Billboard 工作，要么你是"天才"。）

今天，广播已经被高度分化，排在第一的音乐形式（说唱乐）只占到唱片播放的 27%。乔治·布什可能邀请 50 Cent 去白宫并问他下一周 Billboard hip-hop 榜的第一名歌曲是什么吗？

市场和音乐的道路是一样的。市场分裂成很多板块，每个板块都是独立而独特的实体。每个板块有自己存在的理由。每个板块都有自己的领先者，而且很少是最初的领先品牌。

音乐播放器也发生了变化。从随身听到 CD 机，到 MP3 播放器（iPod）。

狗的分化

狗的品种也在持续增加。专家估计有 700～800 种独立而独特的狗种。世界犬组织国际犬业联盟（Federation Cynologique International）把辨识出的 329 个品种划分为 10 个不同的组。

美国犬业俱乐部（American Kennel Club）最近辨识出 150 个品种。最新的 5 个品种都是 2000 年以后增加的。分别是斯科舍诱鸭寻回犬、德国平毛犬、玩具猎狐㹴、波兰低地牧羊犬和史毕诺犬。

另外还有 6 个品种正在提名中，将来也可以展示。普罗特猎犬（Plott）的主人和 Imall Terrier 的狂热爱好者，你们参加展示会的日子也快到了。

分化在强化，而没有弱化

你可能会想，旺盛的分化会削弱一棵大树，但事实上恰恰相反。无论何时，当你看到很多分支（及很多品牌）从一个单一的品类中分出去时，你能确信这个品类是强大而充满活力的，而且会生存一段时间。

很多分支（和品牌）会因没有前途而死亡，但是树木本身会保持格外的健康。电脑这棵从主干（主机电脑）分出的众多主枝和分支的大树就是旺盛生长的好例子。

THE ORIGIN OF BRANDS

定律 10

缺失环节的奥秘
The Mystery of the Missing Links

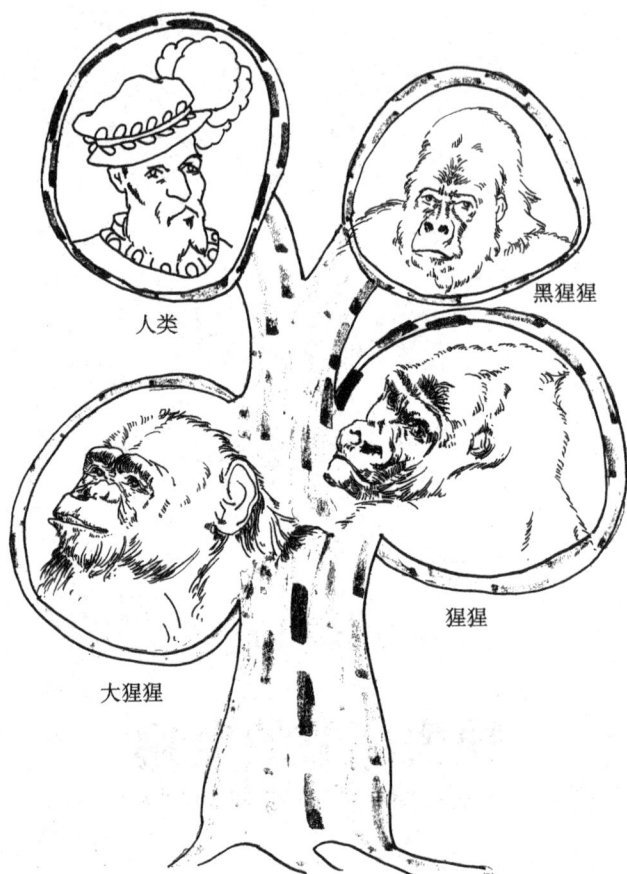

人类进化树包括猩猩、大猩猩和与我们最接近的黑猩猩。

关于进化的难点之一是缺乏对"缺失环节"的化石记录。如果人类是猿的后代，那半人半猿的化石在哪里？古生物学家没有找到一块这样的化石。

他们也不可能找到。缺失的环节将永远缺失。

揭开这个奥秘是达尔文最精彩的推论之一。《物种起源》中的唯一一张图例说明了物种经历了数千代后的自然趋势，使物种之间产生鸿沟。

不存在缺失环节。

今天的人和今天的猿之间没有家谱联系。今天的人是古人数千代后的后代，每一代人都根据自然选择而变化。今天的猿是古猿数千代后的后代。

今天的个人电脑不是打字机的后代。第一台个人电脑没有键盘，没有打印机，不像打字机那样工作，看起来也不像打字机。

很多公司和品牌失败的原因就是现代人可以支配自然，至少在短期内。商业中的现代人可以做自然界中不可能发生的事，现代人可以推出缺失的环节。

它们也这么做了。每天，在几乎每个你叫得出名字的行业里，公司都在忙着推出缺失的环节。它们可能会存在一段时间，但在长期中几乎注定要灭亡，因为它们违反了自然界的基本定律。

文字处理器

文字处理器一半是打字机一半是个人电脑，它在聚光灯下享受了短暂的时光。文字处理器使王安用 600 美元创建的王安实验室（Wang Laboratories）成为这个品类的主导品牌。到 1985 年，王安公司的价值达到了 24 亿美元。

7 年之后，王安公司申请破产，成了缺失环节神话的又一位牺牲者。

王安公司在破产前，王安实验室尝试涉足个人电脑领域来挽救局面。这没什么错，但是他们试图用王安这个名字来进入个人电脑领域，而王安品牌是和文字处理器紧密联系在一起的。

心智中的品牌名就像是地上的洞。你可以把洞挖深挖大，但无法把它移到别处去。

一旦品牌名在心智中和某个品类紧紧联系时，品牌就无法轻易移动。

分化动力学表明了走出两难困境的方法。既然你知道相关品类将不断走向分歧，主导两个不同分支的最好的方法就是用两个不同的名字。

王安公司原本就应该把王安这个品牌名留在文字处理器的分支上，并为个人电脑这个分支取一个新名字。

在任何新行业的早期阶段，你会重复看到相同的蠢事。很多公司加入进来，提供介于昨天和明天之间的缺失环节。他们的座右铭是："两个世界的最佳产品。"

早期跨越海洋的蒸汽船也有风帆。最初，混合组合是大赢家。蒸汽帆船比纯粹的帆船更快，比纯粹的蒸汽船更经济。回顾过去，我们很容易看清发生的情况。帆船和蒸汽船向着不同的方向分化，而混合船被撕裂沉没了。

帆船成为富人和名人的玩具，蒸汽船运行非常经济，使得蒸汽帆船除了是个代价昂贵的时代错误之外一无是处。

涡轮螺旋桨飞机

很多早期喷气引擎飞机是涡轮螺旋桨飞机。一开始，涡轮螺旋桨飞机是喷气飞机和螺旋桨飞机，特别是小型飞机的替代品。涡轮螺旋桨飞机结合了喷气式飞机的高速巡航速度和螺旋桨飞机的低速稳定性。

那是早期。今天30 ~ 100座的小型区域喷气式飞机正迅速替代涡轮螺旋桨飞机，因为它们更快、更舒适、更安静。

此外，喷气式飞机比涡轮螺旋桨飞机飞得更高，并且能避免在低空的颠簸。

与此同时，美国的主要航空公司投入运营的涡轮螺旋桨飞机约有700架，它们真希望当初没有买这些飞机。

很难避免陷入泥泞的中间地带。一开始，新科技起步很慢，而且受到各种问题的拖累。中间的方法看上去最安全也最有生产力。很多时候是这样，但中间战略在长期几乎总是失败者。

比如说电影业。今天，大预算的电影都是在胶片上拍摄，后期转换成数字文件进行颜色和对比度的调节，并添加数字效果。之后，数字文件被拷回到胶片上，并制作成供影院放映的副本。

有谁会怀疑，很快有一天所有电影都将是数字摄录、数字操作，然后数字分发吗？

我们不会怀疑。

传真

当然，"长期"确实可能是长期。拿传真来说，经过几十年的成长，我们已经看到传真走到了路的尽头。

问题在哪里？传真是一个处于泥泞中间地带的产品。它结合了信件的物理特性和电子邮件的传输速度。信件会在今后继续存在，而毫无疑问电子邮件也会存在下去。但是传真呢？它的日子不多了。[西部联盟公司（Western Unioin）的邮递电报是另一项中间服务，已经遭遇了相同的命运。]

在 1998 ~ 2002 年，传真的页数已经减少了 50%。

是什么造成了传真的险境？是电子邮件的进化。如今，电子邮件比传真更便宜、更快捷、更准确、更灵活。涡轮螺旋桨飞机的日子快结束了，传真的日子也快了。

图形链接介绍文件（Genigraphics，最初是通用电气的一项服务）和很多其他公司共同创办，是为了把电脑制作的打印品制作成照相幻灯片。这个主意很好，直到 Powerpoint 和其他低成本投影机出现，照相幻灯片就破产了。

邮寄的 DVD

另一个中间品牌是 Netflix。顾客不必在百视达租赁 DVD，可以通过互联网向 Netflix 订购碟片，既省时又省钱。这是进化阶梯上的一大步。

Netflix 发展迅速，其注册用户已经有超过 100 万个。但是在数码时代邮寄电子数据（以 DVD 形式）看起来是一个倒退。有一天，Netflix 将遭遇和传真一样的命运。

公司对中间品牌感到很舒适，因为它们符合管理层对它的认知。或者正如通用电气曾经说的那样："进步是我们最重要的产品。"认为公司的产品和服务不断向着更好、更快和更便宜的方向发展是个令人鼓舞的想法。

公司对分化感觉不自在，因为分化代表和过去的决裂。很多技术发展道路上的分叉点并不是更好、更快、更便宜，而是"不同、更慢和更贵"。

你很容易就能预测邮寄 DVD 业务未来会发生什么。迟早，我们会通过互联网获得 DVD 片，而 Netflix 就会被打入冷宫。

柯达的问题

毫无疑问，数码照相（一个独立的分支）正迅速取代模拟照相或化学照相，而后者是柯达的命脉。如今数码相机的销量超过了模拟相机。可能需要几年，或者几十年，但毫无疑问，柯达的照相胶片和相纸业务最终将彻底消失。

柯达正试图做王安公司失败的事情，就是把它的名字放到不同的品类中。讽刺的是，柯达品牌（全球识别度最高、最受尊敬的品牌之一）的强势使得这一转移难以实现。（洞越深，要移动就越难。）

柯达试图用它的 Advantix 高级照相系统在传统照相和数码照相之间的鸿沟上架起桥梁。柯达公司花费了十多亿美元开发了 Advantix，于 1996 年推向市场。

24 毫米高级照相系统（APS）其实是由 5 家公司开发的，包括柯达、佳能和富士。该系统的功能包括在一卷底片上拍摄常规和全景照片，也包括改善照明的技术设计。该系统成本比传统胶卷高 15%，也从未抓住顾客。顾客仍然使用高质量的 35 毫米胶卷和照相机，或转而使用数码相机。APS 代表的是泥泞的中间地带，在一个无人之地生存是很困难的。

更糟糕的是，柯达试图把化学和数码成像整合成一个叫做信息影像的品类。（你听到过真正的顾客说"我们需要信息影像"吗？）

"信息影像可能是自互联网以来最有前途的技术融合，我们欢迎其他伙伴加入，完成这个有潜力的任务。"柯达最近的一则广告这么说。

技术融合？这是个明确的信号，信息影像就要逐渐消失了。

宝丽来的问题

有个品牌（宝丽来）和一个严重衰退的品类（即时成像）紧密联系在一起。随着一小时冲印店的兴起，你可以在一个小时后拿到冲印的照片，宝丽来相机的杂乱和费用就不值得你花费心思去使用它了。

于是宝丽来就尝试把它的品牌名转移到传统照相胶片（柯达的领地）和包括医院影像产品、数码扫描仪和数码照片打印机等其他很多品类中。结果是：2001 年，宝丽来公司破产了。

是什么毁灭了宝丽来品牌？是胶片处理的进化。

DVD/录像机播放器

零售店中摆满了很多"附加"产品，在短期内是有意义的，如DVD和录像机组合播放器。毫无疑问，一些DVD格式让录像带格式渐渐过时。

问题在于，大多数人早已经有一台录像机。他们不会买一台组合设备，他们更倾向于买一台单一功能的DVD播放器。随后，当DVD取代了录像带，他们就可以把旧的录像机扔掉了。

从长远看DVD是趋势，但在短期内，顾客需要有个机器来播放他们的录像带。所以对一些顾客来说，买一台DVD和录像机组合的播放器是有意义的。

但是，公司从一个短期产品跳到另一个短期产品就没什么意义。这样你并不能打造品牌。把新品牌和新品类联系在一起通常需要几十年的时间。[全球最成功的品牌是那些在很长时间内都以相同的战略销售相同产品的品牌。唐培里侬（Dom Perignon）香槟、奔驰汽车和劳力士手表是三个很好的例子。]

如果热巧克力成为下一种"流行"饮料，星巴克应该从咖啡转到热巧克力吗？这只会自毁前程。

追赶最新的时尚只是公司在打造品牌时会犯的很多错误中的一个，更严重的是让品牌分支，而不是为分支打造品牌。

麦金塔的问题

麦金塔是什么？它既是个人电脑，也是个人电脑操作系统。

其他PC生产商试图在两个分支（机器和操作系统）上用相同的品牌名吗？戴尔销售机器，而不销售操作系统。微软销售操作系统，但不销售机器。IBM试过销售OS/2操作系统和个人电脑，但在任何一个领域都不成功。

麦金塔试图一次挂在两个分支上，就陷入了泥泞的中间地带。没有其他个人电脑比麦金塔得到更多的好评，但这个品牌的市场份额却只有 3%。

汽车、葡萄酒和仓储商店俱乐部

购买汽车的顾客会购买售价 35 000 美元的装有奔驰发动机和克莱斯勒车身的克莱斯勒 Crossfire 跑车吗？在心智中，你会把这辆车放在哪个分支上？是标明"豪华德国汽车"的分支还是标明"便宜的美国轿车"的分支？

（还有人记得保时捷 914 吗？这是装有大众公司发动机和保时捷车身的跑车。它让保时捷的狂热粉丝们避之不及，因为它是便宜的保时捷跑车，它也让大众汽车的狂热粉丝们避之不及，因为它是昂贵的跑车。）

再来看看葡萄酒。有两种基本的葡萄酒：红葡萄酒和白葡萄酒。还有玫瑰红酒，是两种葡萄酒中最好的。你觉得处于泥泞的中间地带的玫瑰葡萄酒卖了多少？并不多。

一个当地超市连锁感觉到了来自仓储商店（好事多和山姆俱乐部）的竞争压力，于是它推出了一个广告运动，刚好把自己摆在了中间。广告主题是"超市的舒适，仓储商店的价格"。

从逻辑上看，这个运动是有意义的，但在心智中，你会把这个连锁放在哪个分支上？

自然界中不存在缺失的环节，在泥泞的中间地带也没有真正成功的品牌。

THE ORIGIN OF BRANDS

定律 11

第一者生存
Survival of the Firstest

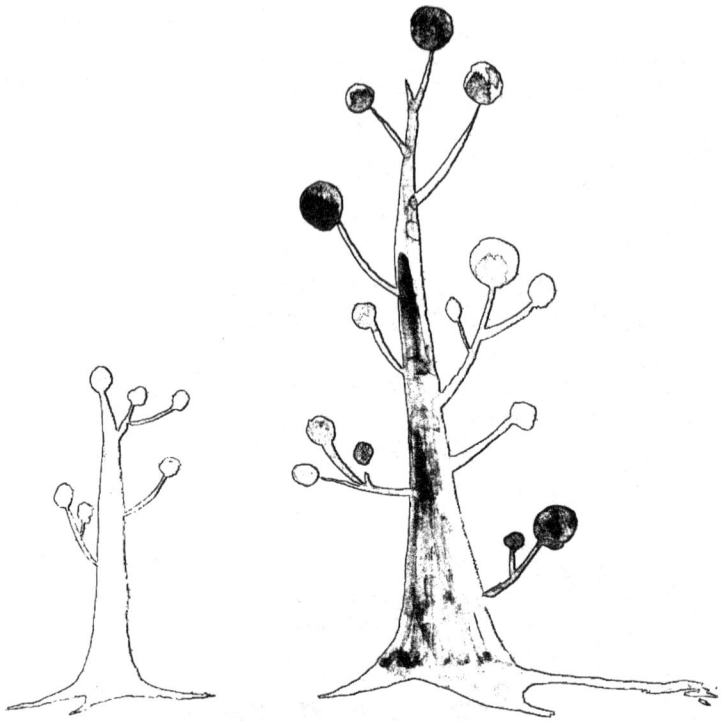

　　在生长的每个阶段，最早发芽的幼苗通常长得更高更壮，品牌同样如此。

两颗种子落在森林里的同一片土壤上。也许是种子掉到地上的角度关系，也许是种子下面的土壤关系，无论因为何种原因，其中有一颗种子率先发芽，而另一颗种子晚了一两天。

在成长的每个阶段，先发芽的种子长得更高、更健壮，对干旱的抵抗能力也更强。随着时间流逝，先发芽的种子长成了大树。自始至终它遮蔽了照射到后发芽种子的阳光，生长落后的树最终凋零并死掉。

适者生存？当然。但是先发芽的种子如何成为最适合的种子？无论在森林里还是在市场竞争中，通常第一个占领领地的竞争者会获胜。

没有顺风车

成为第一并不自动意味着你的品牌将成为新品类中的领先品牌。这只是给了你成为领先品牌的许可证。如果你是第一，你的品牌起步时就是领先品牌，因为没有其他品牌试图占据同一个分支。

这里就涉及进化。你的品牌需要进化，以维持它的领先地位。在这个方面，你需要时时保护你的品牌，特别警惕竞争品牌威胁你的地位。

然而，销售不如认知那么重要。要成为成功的品牌，你的品牌就要在顾客的心智中建立起领先者的认知。

电影业的有效策略

电影业已经搞清楚游戏的规则。如果某部电影不是以盛大的周末开场的话，它就无法制造大轰动。一场盛大的周末开场，特别是如果该电影是票房收入冠军的话，就几乎可以保证这部电影会取得成功。

非常成功的影片，没有大肆宣传而通过口碑打造，比如《我的盛大希腊婚礼》（*My Big Fat Greek Wedding*）是当今好莱坞的特例。大多数电影放映几周就结束了，如果周末首映不轰动的话就直接转成影碟销售。

销售额不重要。是销售产生的公关效应造成了对一个品牌的关注。人们想看其他人正在看的东西。首映声势大的影片会制造以下认知：它是一部"必看"的电影，特别是在构成了影片主力市场的年轻人中间。

《黑客帝国2》（*The Matrix Reloaded*）首映当天的票房收入达到4 250万美元，创造了新纪录。自然制造了大量的公关。

每个行业都有秘诀。电影业的秘诀之一就是通过在尽可能多的影院放映来放大周末首映的票房收入。一般电影会在1 000块或更少的屏幕上首映。《黑客帝国2》在3 603块屏幕上首映，超过了美国电影院屏幕总数的10%。

即使你知道你不喜欢一部轰动影片，但是你为了能和朋友讨论影片也必须去看。

音乐业的有效策略

音乐经理人和制作人罗恩·鲍德温（Ron Baldwin）说："如果一张唱片在首发的第一周销售不佳，人们就会说它完了。"音乐标题努力争取在4种前线曝光：广播、电视、媒体报道和零售店的货架。

为了推销新专辑《美国生活》（*American Life*），麦当娜接受了美国国家广播公司《日界线》（*Dateline*）节目的采访，在MTV电视台做专访，在连续剧《威尔和格蕾丝》（*Will and Grace*）中担任角色，并在《和里吉斯和凯利一起生活》（*Live with Regis and Kelly*）中客串。

这样做确实有效。《美国生活》第一周的销量达到了24.1万张，一开始就荣登销量榜的榜首。这不是侥幸。2003年10大唱片中，有8张第一周销量达到或超过22万张。如果你在第一周没有胜出，形势就对你不利。

图书业的有效策略

如果一本书在最初几周内没有登上畅销榜，它就永远上不了畅销榜。书店把最畅销的书摆在前面并且打折出售。剩下的书就被埋没在书架里，而且全价销售。要么趁早胜出，要么出局，这是出版业的通行定律。

当然，关键是有利的公关。你必须在图书上市销售前就利用公关来创造需求。J. K. 罗琳（J. K. Rowling）的第五本哈利·波特系列《哈利·波特与凤凰社》（*The Order pf The Phoenix*）在上市前制造了一大波公关效应，书迷们身着特殊服装在午夜的书店聚会。

没有一本书获得的公关比希拉里·克林顿的《亲历历史》（*Living History*）更多的推动性公关。结果是可以预测的。这本书在第一个月就售出了100多万册。你要么趁早胜出，要么出局。

当一本书、一张唱片或一部电影上了畅销榜或销量榜排行的第一名后，通常的战略就是设法把这个事实传播出去以保持这个位置。"美国排行第一的电影"是典型的广告标题。

"第一"或领先地位在顾客心智中能触动强大的情感神经。"如果其他人都认为《哈利·波特与凤凰社》是一本很棒的书，那么无论我个人怎样认为，它肯定就是一本很棒的书。"

财富青睐第一者

多数人的意见占统治地位，特别是涉及认知时。亨氏（Heinze）番茄酱、Hellmann 蛋黄酱、Thomas 英式松饼、Philadelphia 奶油干酪、百威啤酒以及其他领先品牌都是强大的品牌，并不是因为它们比竞争品牌更好（尽管可能是这样），而是因为人们普遍认为它们是品类中的领先品牌。

第一者创造领先地位。如果你的品牌是品类中的唯一品牌，它就必定是领先品牌。当竞争对手加入时，领先地位就会为你的品牌建立更好的认知。

心智中的第一品牌能存活很长时间，并保持它的领先地位。可口可乐118年来一直是可乐的第一品牌。通用电气102年以来一直是灯泡的第一品牌。舒洁80年来一直是纸巾的第一品牌。

有两个因素有助于第一品牌进入顾客的心智。第一个因素，顾客的心智认为，领先品牌肯定"比其他品牌好"，最好的产品或服务能赢得市场，这是公理。由于第一个进入心智的品牌自然就是领先品牌（没有其他品牌），第一品牌就能保持领先地位。（它能遮挡竞争品牌的阳光。）

第二个因素，顾客心智认为，第一品牌意味着正宗，其他所有品牌都是原创的模仿品。"正宗货"策略仅适用于可口可乐，而不适用于百事可乐或皇冠可乐（Royal Crown）那样的模仿者。

即使百事可乐销量在某一天能超过可口可乐（这是不太可能发生的事情），百事可乐也永远不可能被认为是正宗货。

心智中的先行者

商业书常常贬低它们所谓的"先行者优势"，它们是对的。如果不能把握时机成为"心智中的先行者"，成为市场的先行者也无优势可言。

生命的大树是一个物理类比。品牌大树是心智上的类比。打造品牌发生在心智中，它没有物理上的现实。成为市场上的第一是物理第一，这不一定会导致心智中的第一。

- Duryea制造了美国第一辆汽车，但是这个品牌从未进入顾客的心智。
- Du Mont制造了美国第一台电视机，但是这个品牌从未进入顾客的心智。

- Hurley 制造了美国第一台洗衣机，但是这个品牌从未进入顾客的心智。

埃德蒙·希拉里（Edmund Hillary）[和他的向导丹增·诺尔盖（Tenzing Norgay）] 是第一个登上珠穆朗玛峰的人。在埃德蒙完成这项壮举的 50 年后，他才闻名于世。但在埃德蒙之后历经千辛万苦登上珠穆朗玛峰的 1 650 人几乎无人知晓，死在珠峰上的 175 人中也大多数默默无闻。

这些人中有人比希拉里更擅长登山的吗？当然。有人比希拉里更快吗？毫无疑问。但这并不重要。成为更好很少会超过成为第一。

2001 年 5 月 23 日，埃里克·维亨迈尔（Erik Weihenmayer）登上了珠穆朗玛峰，他是第一个登上珠峰的盲人。埃里克会像埃德蒙先生一样出名吗？绝不可能。

2002 年 5 月 16 日，54 人在同一天登上珠穆朗玛峰。54 人中会有人像埃德蒙先生那样出名吗？绝不可能。

品牌一旦成为心智中的第一，就与顾客创建了牢固的关系，而市场上的第一仅仅是一个普通产品。相比之下，当你是市场上的第一时，你的品牌就只是又一个普通品牌而已。

失去领先地位也不会摧毁品牌

即使第一个进入心智的品牌失去了领先地位，它也不会失去和顾客的情感联系。

御木本（Mikimoto）不是养殖珍珠的领先品牌，但是它非常知名（备受青睐），因为它是"养殖珍珠的原创者"。苹果（和它的麦金塔）以某种方式和个人电脑用户保持着情感联系，这是戴尔、康柏、惠普和其他品牌所没有的。为什么？苹果电脑是第一个进入心智的个人电脑。

赫兹（Hertz）不再是租车业的领先品牌（现在的领先品牌是Enterprise），但赫兹仍然和租车顾客有着共鸣，这种方式是安飞士（Avis）、National 和其他品牌所没有的。

哈佛大学是美国创办的第一所大学，很多人至今认为它是美国"最好"的大学，即使它不是规模最大的大学，也没有获得由媒体 [其中最著名的是《美国新闻和世界报道》（*U.S.News & World Report*）] 举行的声望测试的第一。

《财富》500 强至今被认为是公司排名的黄金标准，即使规模更大更成功的出版物也发布了各自的排名（《商业周刊》1 000 强和《福布斯》500 强 ）。所有的公司会吹嘘自己在《财富》500 强中的排名，但是很少有公司会提到《商业周刊》或《福布斯》。为什么会这样？

1955 年，《财富》杂志发布了第一个排行榜，以销售量为标准排出了世界上 500 家最大的工业公司。《财富》是第一。

财富青睐第一。

为品牌烙印

打造品牌就像烙印，就像是有效的动物学习认准妈妈的过程。比如，小鹅孵化出来后会跟随它首先看到的移动物体。结果，很容易在小鹅身上留下其他动物的烙印，如果恰巧遇到一个物体移动，甚至能留下非动物的烙印。

品牌也以类似方法在顾客心智中留下烙印。新品类中的第一品牌通常能留下深刻的印象。纸巾品类中的舒洁、透明胶带品类中的思高（Scotch）、胶卷照相品类中的柯达、能量饮料品类中的红牛。第一者生存。

创造一个新品类，然后把你的品牌烙印在这个品类上，这就是成功的关键。在新生小鹅面前第一个晃动尾巴的鹅肯定能抓住小鹅的心和心智。在新生品类前第一个晃动尾巴的品牌肯定能抓住潜在顾客的心和心智。

打造领先品牌的概念很简单，但执行起来很难。大多公司掉入了融合的陷阱。"我们可以成为第一个把手机和掌上电脑融合在一起的品牌。"

市场上有数千个品类，可以有数百万个组合，也就能产生数百万个还未利用的机会。

理论上确实如此，但在执行上则不然。"猫狗"（catdog）方法已经浪费了数十亿美元的研发费用。

突破性产品是少有的

第二个方法是发明突破性产品方法。飞机、直升机、喷气发动机、微波炉、电脑、微处理器、手机和其他革命性产品显然是成功的，但是通过发明突破性产品来创造财富的道路是极度漫长的。

看看 IBM 公司，每年在研发上投入 50 亿美元。IBM 在过去 10 年中有什么突破性产品吗？能肯定的是它推出了现有产品的改良品种。但突破性产品呢？我们想不出来。

突破性产品在很多方面是历史的偶然。恰好凑上它们取得进展的时机。莱特兄弟在基蒂霍克进行飞机试验的同时，费迪南德·费伯（Ferdinand Ferber）、欧内斯特·安克迪康（Ernest Anchdeacon）、加布里埃尔·瓦森（Gabriel Voisin）、罗伯特·埃斯诺·佩尔特里（Robert Esnault Pelterie）、利昂·利瓦瑟尔（Leon Levasseur）和阿尔伯特·桑托斯·迪蒙（Alberto Santos-Dumont）在欧洲进行重于空气的飞行试验。

莱特兄弟取得初步成功不到 3 年，桑托斯·迪蒙在欧洲实现了第一次被认可的飞机飞行。

飞机就是时机成熟的产品。如果莱特兄弟没能让他们的发明飞离地面，总有人能做到。

突破性产品抓住了公众的想象力，但它们在打造品牌时只起到次要的作用。平凡产品借助高效营销能更容易地赚到更多的钱。

食品、服装、住房、交通和娱乐占到了消费者开销的绝大部分。像手机、笔记本电脑、掌上电脑、数码相机和赛格威（Segway）代步车那样的突破性产品只占典型家庭月开销很小的部分。

"创建一个你能成为第一个进入的新品类"

几十年来，这一直是我们所歌颂的营销颂歌。超市、药店、百货商场和折扣店里摆满了通过这个强大的战略打造起来的品牌。互联网也是。以下是一些例子：

- 亚马逊，第一家网上书店；
- 邦迪，第一个创可贴；
- 加利福尼亚橱柜（California Closets），第一个橱柜组装者；
- 卡拉威（Callaway）Big Bertha，第一根超大高尔夫球杆；
- 开利（Carrier），第一台空调；
- 嘉信理财（Charles Schwab），第一个折扣股票经纪公司；
- CNN，第一个有线新闻网；
- 戴尔，第一个个人电脑直销商；
- 达美乐，第一个宅送比萨连锁店；
- 爽健（Dr. Scholl's），第一款脚部护理产品；
- 金霸王，第一种碱性电池；
- ESPN，第一个有线体育网；
- 依云，第一瓶高档瓶装水；
- Footjoy，第一双高尔夫鞋；
- 戈尔特斯（Gore-Tex），第一种透气防水布；
- 喜力，第一种进口啤酒；

- 吉露（Jell-O），第一个凝胶甜品；

- 肯德基，第一个鸡肉快餐连锁；

- 舒洁，第一款口袋装纸巾；

- *National Enquirer*，第一份超市小报；

- 耐克，第一双运动鞋；

- 甲骨文，第一个数据库公司；

- 帮宝适，第一款一次性婴儿纸尿裤；

- 《花花公子》，第一份男性杂志；

- 宝丽来，第一台即时成像相机；

- PowerBar，第一根能量棒；

- Q-tips，第一支棉签；

- Reynolds Wrap，第一个铝箔；

- 塞缪尔·亚当斯（Samuel Adams），第一种微酿啤酒；

- Saran Wrap，第一个食品塑料包装；

- 斯沃琪，第一块时尚手表；

- 太阳微系统公司，第一个 UNIX 工作站；

- 汰渍，第一袋洗衣粉；

- 《时代周刊》，第一份新闻周刊；

- Vise-Grip，第一个老虎钳；

- WD-40，第一种超级润滑剂；

- 施乐，第一台普通纸复印机。

这些品牌（和很多很多其他品牌）都是通过创建它们是新品类中的第一的认知而打造起来的。不一定要实际上是第一，只需要创建一个认知，即你的品牌是第一。

（当然，"说第一"和创建是第一的认知是不同的两件事。我们将在定律 14 中具体讨论这个问题。）

第一者 vs. 适者

当今营销中最大的问题是"第一者"和"适者"之间的区隔。达尔文"适者生存"的概念被大多数公司认为是营销的本质。"我们必须说服我们的潜在顾客,我们的品牌是最好的。"就是说,是最适合的。

"适者生存"在最高管理层之间没有得到那么多的认同。"谁在乎谁是第一?顾客只关心谁更好。"

他们是对的。顾客不关心谁是第一,他们只关心谁更好。这就是他们购买舒洁纸巾、亨氏番茄酱、邦迪和 Q-tips 棉签的原因。"因为它们更好。"

但是是产品质量还是对产品质量的认知在引导顾客的决定?事实证明,认知是其中起到主要作用的角色。

"你为什么要买亨氏番茄酱?"

"因为它是最好的。"

"你尝过汉斯番茄酱吗?"

"我没有。我不会买汉斯番茄酱,因为人人都知道亨氏是最好的番茄酱。"

领先地位的认知

当你的品牌是新品类中的第一个品牌时,它就被普遍认为是原创和先锋。当其他品牌侵犯你的领地时,它们被普遍认为是跟风产品。

领先地位(这个词的两个含义,先锋和最畅销)的认知创造出一种强烈的感觉,你的品牌肯定是最好的。

竞争对手的认知就差很多。第二层的品牌为了扩大销量常常降价。低价对顾客来说意味着什么?"汉斯番茄酱肯定不如亨氏的好。"

在成熟的品类中,第二或第三品牌要在自己和领先品牌之间找到一个清楚的物理区隔几乎是不可能的。即使落后的品牌确实找到了某种区别，如何才能阻止领先品牌来复制这个概念呢？

我们称这个战术为"封杀"，并且把它推荐给每一个领先品牌。实质上，封杀就是进化或逐渐变化在奏效。

结果绝大多数品类是由非常相似的产品构成的，而领先品牌占据主导性的份额。第一者生存。

市场营销中真正的问题不是创建品牌，而是创建一个新品类，然后用你的新品牌名去主导这个品类。

没有后悔药

一旦错过创建新品类的机会，你最好忘记它，并寻找其他机会。但是有一些公司总是不吸取教训：

- 可口可乐公司错过了加有咖啡因的橙味苏打水品类（激浪是开创者），所以可口可乐公司尝试以 Mello Yello 加入竞争，结果失败了，后来又推出了 Surge，同样失败了。
- 可口可乐公司错过了辣味可乐品类（Dr Pepper 是开创者），所以可口可乐公司尝试以 Mr. Pibb 加入竞争，也同样失败了。
- 可口可乐公司错过了天然饮料品类 [Snapple（斯奈普）是开创者]，所以可口可乐公司尝试以 Fruitopia 加入竞争，也没多大成果。
- 可口可乐公司错过了能量饮料品类（红牛是开创者），所以可口可乐公司尝试以 KMX 加入竞争。KMX 不仅晚了 14 年，而且它用了一个无力的名字。（红牛象征着能量，它令人想起在一头躁动的牛面前晃动红旗的样子，KMX 听起来像是车用机油的添加剂。）
- 可口可乐公司错过了运动饮料品类（佳得乐是开创者），所以可口可乐公司尝试以 PowerAde 加入竞争，这个品牌成了虚弱的第二品牌吊在那里。

另一方面，百事可乐放弃了它的跟风运动饮料品牌（All Sport），并耗资 130 亿美元收购了正宗货——佳得乐和它的母公司桂格麦片公司。

PowerAde、KMX、Fruitopia、Mr.Pibb、Surge 和 Mello Yello 是可口可乐公司在创建新品牌时的 6 次错误行动，它原本应该聚焦在创建新品类上。

既然全球领先的软饮料公司和全球最有价值的单个品牌的所有者（可口可乐公司）一直在创建新品牌都不能不成功，为什么你觉得你的公司可以运用相似的战略获得成功？

你不是在打造品牌，而是要创建品类

事实上，你完全不是在打造品牌。你利用分化来创建新品类，新品类的扩张使得你的品牌繁荣。

是什么打造了 IBM 品牌？是大量宣传和"深蓝"[⊖]做生意的好处的营销策划，还是 IBM 主导了主机电脑品类这个事实？

如果 IBM 公司没有推出中央处理机营销策划，《财富》500 强的公司会继续使用加法机吗？不会。实现电脑这个概念的时机到了。（曾经有人说过，让自己成为领导人的方法是找到一个开始成形的游行队伍，然后拿着红旗跑到人群的最前面。）

是什么打造了戴尔品牌？是大量宣传和戴尔做生意的好处的营销策划吗，还是戴尔开创了购买个人电脑的新途径？（电话订购。）

是什么打造了可口可乐品牌？是大量宣传喝可乐的好处的营销策划，还是可口可乐开创了可乐品类这个事实？

既然打造品牌的实质是创建一个新品类，那么就花些时间来考虑新品类是从哪里来的吧。

⊖ Big Blue，业界对 IBM 的另一个称呼。——译者注

新品类从哪里来

新品类都是由既有品类分化而来的。随着时间的推移，电脑品类分化了，如今我们有了很多不同类型的电脑和品牌。有谁会怀疑将来还会出现更多的品类吗？

但是大型计算机来自何处？你可能会思考这个问题。

有一个品类叫做计算器。后来这个品类分化了，我们就有了机械计算器和电子计算器。

大型计算机实际上是有着数百万美元之名的电子计算器。明智的战略是让新品类回避合乎逻辑的名字，给这个品类取一个性感的新名字。电子计算器这个名字的问题在于它把新品类的认知锁定在了机械计算器所具有的物理限制因素上。

很多年前，我们为惠普公司的个人计算器业务提供咨询服务。我们问，售价是多少？回答是 13 000 美元。我们回答说，13 000 美元的东西是电脑，而不是计算器。

计算器品类从哪里来？嗯，最初你用手指记数，然后用石头。

融合会毁了品牌打造

融合（如果它会发生的话）会毁了品牌打造。你如何通过合并两个既有品类来创建新品类呢？你如何称呼手机和掌上电脑的组合产品？Cellhand？这没什么意义。

此外，如果品类真的合并了（我们坚决相信它们不会），那么能生存下去的品牌名可能来自这个品类或是那个品类。新品牌就没有机会。

如果融合是商业的推动力，随着时间的推移，我们可以会看到越来越少的品类、越来越少的品牌和越来越少的竞争。这是未来的真实前景吗？我们可不这么认为。

这当然不是过去的真实情景。数百年来，未来总是带来更多的品类、更多的品牌和更多的竞争。有什么可能的原因能让人们相信未来会与过去不同呢？

营销是品类之战

营销不是品牌之争，它是品类之间的竞争。赢家是那些能发明和主导新品类的公司（想想戴尔、英特尔和微软）。那些被竞争对手创建的品类搞得眼花缭乱的公司就成了输家。（想想西部联盟、宝丽来和柯达。）

每年公司都会在创新的大方向上投入几十亿美元。在创新上投入的资金远远超过在营销上的投入。这些钱中的大部分都浪费在融合概念上。

如果分化是过去的浪潮（确实如此），那么我们能得出的结论是，分化仍然是未来的潮流。这是个定局。

品类会越来越多，品类分化的机会也会越来越多，所以创建新品类和新品牌的机会也会越来越多。

最难看清的是趋势

你曾经站在沙滩上观察浪潮汹涌而来，并尝试判断这是涨潮还是退潮吗？这不是易事。

在日常生活中，你同时看到融合和分化。有些概念正结合到一起，而有些则正在分化。什么是趋势？

在一个行业发展的早期阶段，经济通常青睐融合，但是当行业成熟起来时，这种情形常常会改变。

航空业的融合

在 20 世纪 30 年代，民用航空公司决定同时开展货运业务来获取额外收入。它们的飞机飞固定的航线，所以边际成本会降低，而且可以为快递货物收取高价。所以每一家大航空公司都成立了航空货运部，就像捡到钱一样。

好景不长。航空货运部持续的时间只够创业家想出创建全货运航空公司的办法。

第一个起飞的航空公司是创办于 1946 年的艾莫瑞空运公司（Emery Air Freight）。艾莫瑞公司通过出租排定航班的多余空间，成了航空货运的领先品牌。当然，后来艾莫瑞的领先地位输给了聚焦更狭窄的联邦快递公司，后者是第一个"隔夜达"的包裹运输公司。

如今三大航空公司（美国航空、联合航空和达美航空）运输相对很少的货物。2003 年三大公司的货运收入是 17 亿美元，只占到它们总收入 467 亿美元的 3.6%。（联邦快递 2003 年的航空货运收入达到 153 亿美元。）

可能那 17 亿美元只是"蛋糕上的糖霜"。如果是这样，那么糖霜或整个蛋糕都有严重问题。三大航空公司 2003 年一共亏损 80 亿美元。

你可能会想，整个航空业陷入困境的部分原因是"9·11"恐怖袭击事件和乘客数量的下降，这是事实，但为何西南航空公司还能盈利？

（西南航空公司的股市价值是美国航空公司、联合航空公司和达美航空公司三家公司加起来的 3 倍多，而联邦快递一家公司的市值是这三大航空公司的 5 倍多。）

航空业的分化

西南航空公司和联邦快递公司为什么能成功？一个词，分化。两家公司都挑了大航空公司提供的服务中的某一项，并围绕这项服务建立公司。在联邦快递公司的案例中就是隔夜送达航空货运，在西南航空公司的案例中就是经济舱乘客。

设想一下联合航空公司对客舱服务员的培训课。"好了，伙计们，现在开始练习。你要向经济舱乘客问好，和商务舱乘客握手，并拥抱头等舱乘客。"西南航空公司的文化在联合航空公司不民主飞行环境中只会完全失败。

随着时间流逝，品类会分化。知道分化总在进行这一点能帮助你在正确的时间做出正确的决定。做出相反的假设会导致长期的大问题。

最初，航空服务很贵。飞机小，维护成本高，乘务员和乘客的人员比例很高。因为只有高收入的人群才付得起钱坐飞机，所以航空公司提供一系列豪华服务，包括供应美食、优质葡萄酒和关怀备至的女服务员。

更大的飞机（尤其是喷气式飞机）运营成本更低，为吸引大众市场创造了机会。我们放弃高收入顾客去吸引大众市场吗？

当然没有。航空公司每一次在空中遇到交叉口时，它们两个岔路都要走。

- 我们服务经济舱乘客还是头等舱乘客？两个都做吧。
- 我们运送乘客还是货物？两个都做吧。
- 我们飞商务线还是旅游线？两个都做吧。
- 我们飞国内航线还是国际航线？两个都做吧。

执行不是战略

西南航空公司和它的模仿穿越航空公司和捷蓝航空公司执行得很好。因为它们所在的是一个叫做"低成本经济舱服务"的新的航空分支。

优秀战略使得公司能执行得很好，相反，糟糕的战略也不可能使公司有出色的执行。这是因与果的关系。优秀的战略是因，出色的执行是果。

西南航空公司成了第一家低成本、点对点往返的航空公司。战略制定后，CEO 赫布·凯莱赫（Herb Kelleher）就开始推动执行。没有就餐服务，不接受座位预订，没有行李转运，不准带宠物。为了使培训和维护成本降到最低，西南航空只飞波音 737 飞机。

当西南航空公司快速抢到生意时，你会想那些大航空公司会关注并改变战略，但它们并没有这么做。

联合航空公司的控股公司 UAL 收购了租车公司（赫兹）和两家酒店公司（希尔顿和威斯汀），并于 1987 年更名为阿吉斯（Allegis）集团。自此，这家公司将成为一家旅游公司，而不是航空公司。

在更名后的几个月，阿吉斯的主席失去了董事会成员的支持并辞了职。（美国航空公司也尝试用 Americana 酒店连锁做同样的事情。）

那么旅游公司是什么？运输的哪一个分支标明的是"旅游"？

23 年之后对西南航空做出了反应

在西南航空公司首次飞行 23 年之后，即 1994 年，航空业的大公司之一才最终对这个朴实的竞争对手构成的威胁做出了反应。这一年，联合航空公司推出了 Shuttle 品牌。

联合航空是什么？在两个不同分支上使用同一个品牌并不是打造品牌的方法，特别是在有西南航空这样强大品牌的竞争中。联合航空的 Shuttle 并没有让它的母公司免于破产之灾。

有可能推出一个只有头等舱的航空公司吗？我们认为可以，但是到目前为止还没有一家公司做出合适的组合。

Midwest Express 有合适的飞机、合适的座位、合适的食物和合适的服务，但是在"9·11"恐怖袭击事件的影响下破产了。Midwest 有两个问题：名字和航线结构。

Midwest Express 这个名字听起来像是一个地区性卡车公司。此外，你为何要在中西部创办一个头等舱航空公司？你应在富人比例很高的地方开办这样的航空公司。我们的选择是纽约或洛杉矶。

但这只是名字。没错。星巴克、红牛和劳力士也只是个名字。如果这几家公司使用了不同的品牌名会如何呢？ Coffee Connection、EnerGee 或者 UltraSwiss 这 3 个名字会成为强大的全球性大品牌吗？

别指望了。打造品牌和品牌名本身是紧密锁定的。不合适和平凡的名字注定只能在竞争很少或没有竞争的品类中奏效。（例如，沃尔玛是品类的领先品牌，其主要竞争对手凯马特和塔吉特的名字都很平凡。）

在西南航空公司首次飞行 32 年后的 2003 年，有一家大航空公司才推出了低成本、低票价的子公司，并用了独特的名字。达美航空公司推出了 Song 航空公司。

Song 能一炮而红吗？可能，但是它要和西南航空公司竞争就很难，因为后者早起步了将近 1/3 个世纪。

联合航空公司的低成本新航线 Ted 会获得巨大成功吗？

机会很小，为时太晚。很多公司直到新市场建立起来后才会推出它们的新品牌。

例如，2001 年联合航空公司成立了一家子公司，提供商用喷气飞机的部分使用权。不幸的是，伯克希尔 – 哈撒韦（Berkshire Hathaway）旗下的奈特捷（NetJets）航空公司在 15 年前就开创了这个品类，并继续主导着这个品类。

两大心理障碍

联合航空公司为何不早 20 年推出部分所有权的子公司呢？为什么

不扑向竞争对手呢？两大心理障碍使得公司没有采取行动。

第一个心理障碍是没有市场。"什么！你让我们在一个没有销售额的品类中推出品牌？就算我们占据了全部的市场份额，市场还是为零。"

要成为第一，你就必须这么做——在空白市场中推出新品牌。在心理学上这很难。

第二个心理障碍是切取原本利润就不高的既有品类的一小块（分化概念）。"什么！什么都卖的传统咖啡店也最多略有盈利，你还要我们推出只卖咖啡的咖啡店品牌？"

即使是星巴克将其咖啡店理念推向国外时也出了错。到目前为止，星巴克有 1 532 家海外分店，占总店数的 23%，但只占总销售额的9%。更糟糕的是，海外分店还在亏损。

在美国，星巴克是第一家欧式咖啡店。在欧洲，星巴克只是又一个咖啡店品牌。密尔沃基（美国威斯康星州东南部港口城市）星巴克的咖啡和米兰星巴克的咖啡是一样的，但是在米兰缺少的是成为新品类第一所需的魅力、神秘和浪漫。

星巴克在米兰只是又一家咖啡店。

但是麦当劳使用了和星巴克同样的战略，却在欧洲获得了比在美国更大的成功，单店销售额比美国的高出 12%。

区别就在于麦当劳是第一。它是美国第一家汉堡连锁，也是欧洲乃至甚至全世界大多数国家的第一家汉堡连锁。

部分大于整体

我们的生活中有这样的信条："整体大于部分的总和。"要接受部分能大于整体这个观念确实很难。

你宁愿拥有一直亏损的美国邮政服务公司（United State Postal Service），还是只专注于邮政服务中的包裹递送业务公司 UPS？部分比整体的利润更高。

你宁愿拥有《人物》杂志还是《时代周刊》？前者曾经是《时代周刊》的一块内容并从此成为全球最盈利的出版物杂志，而后者只是略有盈利的杂志。

微软的主要产品是个人电脑软件，它每年赚的钱是所有个人电脑生产商赚的钱加起来的好几倍。大约公元前800年，赫西奥德（Hesiod）说："傻瓜甚至不知道一半比全部多多少。"

在任何一个你可以叫得出名字的品类中打造长远品牌，一半都比全部要多。从长远来看，试图吸引每个主要细分市场的品牌注定会成为一个虚弱的品牌。

在短期就不同。在竞争对手抓住机会发动分化进攻前，"所有人的所有产品"的品牌会做得不错。

THE ORIGIN OF BRANDS

定律 12

第二者生存
Survival of the Secondest

　　第二棵发芽的幼苗如果与第一棵幼苗间隔一定距离，长成参天大树的机会就大得多。

3 颗种子落在森林的泥土里。两个种子靠得近，另一颗离得远。

在生存的斗争中，两颗靠得近的种子会进行非常壮观的争斗，直到有一颗种子统治另一颗。从此以后，开始第一者生存。

但是假设你的品牌不是第一，假设你的品牌没有机会成为第一，假设你的种子是那颗远离领先品牌的种子。那么你恰好处于能幸存下来的位置。你的品牌会受益于达尔文导出的另一条定律：第二者生存。

橡子不会落在离橡树很远的地方

确实是这样，所以森林中大多数橡子无法生存。橡子需要充足的阳光才能发芽生长。任何试图太靠近领先品牌而生长的品牌都可能被扼杀。

有几颗橡子会落在有点远的地方。这些橡子有机会生长并长成橡树。

在自然界，这股力量最终导致了新物种的诞生。在商业界，这股力量导致了很多第二品牌的成功，尽管存在强大的领先品牌。例如，同沃尔玛竞争的塔吉特，与李施德林竞争的斯科普（Scope），与家得宝（Home Depot）竞争的劳氏（Lowe's）。

在自然界，很容易看到为什么生存要求物种之间的差异。为什么猴子要爬到树上来躲避地面上的肉食动物。为什么长颈鹿需要长脖子来寻找脖子比它短的竞争者无法够到的食物。从长远来看，每个物种占据生命大树上一个不同的小枝。

美国第二大城市不是波士顿、费城、巴尔的摩和其他靠近纽约的城市，美国第二大城市是洛杉矶，几乎是美国境内距离纽约最远的地方。

想想那些生活在充满活力的大城市阴影下的城市的苦楚。纽瓦克就是一个典型的例子，但还有与达拉斯比相形见绌的沃斯堡，与明尼阿波利斯比相形见绌的圣保罗，与洛杉矶比相形见绌的奥克兰，与费城比相形见绌的特兰顿。

做领先品牌的对立面

在商业中，你可以把第二者生存的概念引申为"做领先品牌的对立面"。

领先品牌的战略是什么并不重要。无论它的战略是否合理，从根本上做领先品牌的对立面总好过抄袭领先品牌。

可能是一串，可能是人类精神的某种不恰当性，不管什么原因，作为强大的第二品牌总是有机会进入顾客的心智。

为什么年轻一代反抗年长一代？在音乐、服饰、食品和汽车等方面都如此。

人性的推动力看起来是朝两个方向发展的：达成一致的愿望和有所区隔的愿望。大多数人通过在某些方面达成一致而在另一些方面有所区隔来平衡这两股冲突的力量。

这两股力量的相互作用为领先品牌保持其领先地位（第一者生存）和强大的第二品牌的发展（第二者生存）创造了机会。

幸运的是，一致性力量比分歧性力量更强大，但是两股力量对充满活力的社会来说是必需的。一致性促进社会稳定，而分歧性制造阶段性的波动，从而为文化注入新的观点和概念。

打造品牌的方法并非只有一个，而是两个：成为第一品牌并把你的品牌打造成领先品牌，或者成为第二品牌并把你的品牌打造成领先品牌的对立面。

没有对错

有太多商务人士被自己的情感蒙蔽了判断。打造品牌没有正确方法和错误方法之分。有香草冰激凌，也有巧克力冰激凌。有些人喜欢香草，有些人喜欢巧克力。

在政治中，你可以看到两股力量在发挥作用。每个政党都几乎是另一个的反面。民主党被普遍认为是偏向顾客、低收入人群、支持堕胎合法性、大政府的，而共和党被普遍认为是偏向企业、高收入人群、生命和小政府的。

还有第三个政党的生存空间吗？如果某个品类（在政治或商业中）的两大领先品牌定位恰当，就几乎没有第三个强大品牌的生存空间。（我们通常称之为皇冠可乐问题。）

在商业中，一致性（领先品牌）和分歧性（第二品牌）之间的相互作用给陷入中间地带的品牌（如凯马特）带来了严重的问题。领先品牌和它的主要竞争对手通常都没有理解这种二分法。

领先品牌渴望扩大市场，常常使用更适合第二品牌的战略。"我的是我的，你的也是我的。"执行到极端，这种战略就会毁掉品牌。这通常被叫做"适合所有人的所有产品"的陷阱，最好的例子就是雪佛兰。

雪佛兰是什么？它是大型、小型、便宜、昂贵的卡车或轿车。难怪雪佛兰把汽车领域的领先地位输给了福特。（福特也落入了同样的陷阱，但情况不同。）

抄袭领先品牌的危险

第二品牌常常掉入相反的陷阱。它们试图抄袭领先品牌。最好的例子就是汉堡王。

- 麦当劳扩张到早餐；汉堡王也扩张到早餐。
- 麦当劳增加了鸡块；汉堡王也增加了嫩鸡肉。
- 麦当劳创造了罗纳德·麦当劳；汉堡王创造了魔幻汉堡王。
- 麦当劳增加了儿童菜单和儿童乐园；汉堡王也增加了儿童菜单和儿童乐园。

汉堡王唯一无法抄袭的就是麦当劳的收入。汉堡王在美国的单店生意比麦当劳少33%。

当你事事都抄袭竞争对手时就很难赚钱，结果你销售的食物就少很多。

但汉堡王还在不断尝试。它们不断更换将军，比德国人在东部战线上更换将军更快。汉堡王在过去13年中有9任首席执行官，在过去8年中有8名营销总监，在过去4年中聘用了5家广告公司。

做领先品牌的对立面是需要勇气的。领先品牌很成功，它们知道自己在做什么——它们当然知道。但在一个完美世界里，对领先品牌有用的战略对第二品牌毫无用处。

这世界并不完美。如果汉堡王能找到没有麦当劳餐厅的社区，那么抄袭战略就很有效。不幸的是，麦当劳在120个国家有31 108个餐厅，这使得汉堡王没有多少漏洞可以钻。

强势中的弱势

麦当劳被普遍认为是儿童乐园。麦当劳是每个2～6岁儿童的第一目的地。（我们怀疑托儿所儿歌"麦当劳爷爷有个农场，咿咿咿哦"的流行和麦当劳在这个品牌在儿童中的认知有关。）

麦当劳对儿童具有强烈的吸引力，其弱点在哪儿？这个强势可能阻挡年龄大的人群。特别那些是青春期前和十几岁的孩子可能不想和在游戏天地玩的小孩子一起吃汉堡。

"长大，长大了去品尝汉堡王的烧烤口味"是我们曾经在9任或10任CEO之前推荐给汉堡王管理层的战略。

对汉堡王来说，采用反儿童、反麦当劳的战略可能已经太晚了。单单去掉儿童乐园就可能是个无法完成的任务，因为控制性特许经营已经停止了。

从某种意义上，汉堡王陷入了麦当劳吸引儿童和温迪吸引成年人之间的泥泞的中间地带，汉堡王没有多少活动空间。

不是说像汉堡王这样的第二品牌没有战略。他们有：①抄袭领先者；②做得更好。问题在于，这些战略是在自挖墙脚。

"做得更好"陷阱

很多公司（和品牌）找到了"做得更好"的方法。他们没能解决的是心理问题。你如何说服你的顾客自己的品牌比领先品牌更好？

- 如果你制造更好的手表，你如何说服顾客，让他们明白你的品牌比劳力士更好？
- 如果你制造更好的电池，你如何说服顾客，让他们明白你的品牌比金霸王更好？
- 如果你生产更好的可乐，你如何说服顾客，让他们明白你的品牌比可口可乐更好？口味盲测证明百事可乐和皇冠可乐的口味都比可口可乐好，但是大多数人还是喜欢喝可口可乐。

在照相胶片领域，富士取代了柯达吗？在轮胎领域，固特奇（Goodrich）取代了固特异（Goodyear）吗？在租车领域，安飞士取代了赫兹吗？在运动鞋领域，锐步取代了耐克吗？在洗衣粉领域，Wisk取代了汰渍吗？

我们能举出第二品牌取代领先品牌的例子，但在这两种情况中找不出例子：①领先品牌牢牢扎根在顾客心智中；②第二品牌使用了"做得更好"战略。

做得不同

当领先品牌被推翻时，毫无例外都是因为第二品牌采用了"做得不同"战略。

Enterprise 成为领先的租车品牌，不是因为在机场取代了赫兹，而是因为在郊区设立租车点并聚焦于"保险替换"市场。换而言之，Enterprise 做了第二品牌应该做的事，在它和领先品牌之间设置心理差距。（在 Enterprise 的例子中，也存在物理上的差距。）

如今，Enterprise 的年收入达到了 69 亿美元，而赫兹只有 50 亿美元。但你猜怎么着？赫兹仍然被普遍认为是租车业的领先品牌。

认知是一个长期的现象。正如赫兹的例子证明，你丢掉了销售额的领先地位，但仍然能在顾客的心智中保持你的领先地位。认知是无价的特性。我们完全期望赫兹在将来会重拾它的销售额领先地位。赫兹的任务很简单，因为它不必重新获得认知上的领先地位。

认知具有滞延性。1997 ~ 1998 年的短期内，高露洁牙膏的销量超过了佳洁士，但是佳洁士失去了它在认知中的领先地位了吗？没有。人们还是普遍认为佳洁士是美国牙膏的领先品牌。

劳氏做得不同

在家居装修仓储商店品类中，劳氏证明了同样的道理。家得宝是这个品类的巨头。家得宝起步早，开创了这个品类，现在有 1 650 家店，相比之下，劳氏只有 930 家店。

家得宝的巨型仓储店里堆满了商品，它是家居装修品类中的沃尔玛，而劳氏相当于塔吉特。

家得宝吸引男士，劳氏吸引女士；家得宝大、拥挤、昏暗、杂乱；劳氏走道宽、货架整洁、灯光明亮。劳氏是优秀的第二位品牌战略的例子。要成为对立面。

宝马做得不同

也许第二位品牌应该怎么做的最好的例子是宝马。该公司不得不和奔驰竞争，而后者是全球最有声望的轿车品牌。

你如何与奔驰那样的品牌竞争？这并不容易，但道理很清楚，你要成为对立面。奔驰以车体大、马力强、豪华、驾驶平顺和座椅舒适而闻名。甚至奔驰的跑车，如 SL500，也不是真正敏捷的座驾。

所以宝马把自己定位成奔驰的对立面。"终极座驾"已经成为这个品牌长期的广告口号。但是这不仅仅是一个口号。宝马设计的轿车车体更小、更轻，比奔驰更有驾驶乐趣。

结果，宝马在美国以及全球很多国家的销量都超过了奔驰。

宝马可能是表明自己站在领先品牌的对立面，然后长期坚守这个位置的最好的例子。在宝马的例子中，它坚持"驾驶"战略超过 30 年。如果战略没有失效，就不要修改。

锐步做得不同

锐步也不要改变战略。锐步通过成为耐克的对立面而成为运动员鞋品类中的第二品牌。20 世纪 80 年代，当耐克是一个聚焦于男性、请迈克尔·乔丹作为代言人的以运动为导向的品牌时，真皮面料的锐步是吸引女性、有个性、舒适的气垫运动鞋。

这并没有保持很久。锐步抄袭了耐克的战略，让艾伦·艾弗森（Allen Iverson）和肯扬·马丁（Kenyon Martin）那样的球员做代言。如今，锐步已不再是运动鞋的第二品牌。

1991 年，锐步运动鞋的收入为 22 亿美元，相比耐克的 27 亿美元，还不错。然而到了 2003 年，锐步的销售额只有 16 亿美元，远远落后于耐克的 58 亿美元和阿迪达斯的 28 亿美元。

后来，锐步改变了它的战略。曾经的气垫鞋女王进入了赚钱的 hip-hop 市场，希望恢复元气。在一年里，锐步和 hip-hop 明星 50 Cent、夏拉奇（Shakira）、神奇小子（Fabolous）、Eve 和 Jay-Z 签订了合约。

新战略会有效吗？现在下结论为时过早，但是 hip-hop 战略的优势在于和耐克做得不同。

菲尼克斯大学做得不同

美国最大的私立大学是哪一所？很多人可能不知道美国最大的私立大学是菲尼克斯大学（University of Phoenix），有 157 800 位学生。

菲尼克斯大学与哈佛大学、普林斯顿大学和斯坦福大学不在一个品类中。它没有校园、运动队，也没有捐款，但是在大多数私立学校亏损的时期，菲尼克斯大学每年收入 12 亿美元，盈利 2 亿美元。

在当今世界的所有营销机会中，教育是最有潜力的。除了少数几个大学和研究生学院（如沃顿商学院、凯洛格管理学院、麻省理工学院、雷鸟商学院和百森商学院），大多数教育机构都在犯基本的营销错误。

大多数学院、大学和研究生院没有做到不同，结果它们不代表任何东西。结局就是它们没有建立起强大的品牌。

石头、剪刀、布

还记得小孩子玩的石头剪刀布的游戏吗？（石头可以压剪刀，剪刀可以剪布，布可以包石头。）

在石头剪刀布的游戏中，最好的战略是哪个？

这取决于对方会出什么。你最好的战略就是成为对立面。菲尼克斯大学在几乎所有的事情中都采用了这个方法。

- 菲尼克斯大学没有吸引传统的 18 ~ 22 岁年轻人市场,而是吸引有工作的成年人,平均年龄 35 岁。
- 菲尼克斯大学没有聘用全职教师和终身教授,而是让有工作的教授来做兼职。在 9 000 多人的教职工中,只有约 250 人是全职职工。
- 菲尼克斯大学没有建造昂贵的校舍,而是租赁相对便宜的办公区作为教室。

通常,经理人是自己专长的受害者。他们对菲尼克斯大学采用的概念的普遍反映是:"这不是在我们这一行的做事方式。"

"这不是做事方式"通常是一个好迹象,说明这个概念有优点。不要问这个概念是否合理。应该问这个概念是否和领先品牌的战略相反。

斯科普做得不同

所有的漱口水味道都不好,包括第一种漱口水、领先品牌李施德林在内。李施德林的广告说:"你讨厌的味道,每天两次。"

很多竞争品牌尝试取代李施德林的领先地位,包括强生公司的 Micrin 在内。它在 1962 年花费了 1 500 万美元为品牌做广告,这在当时是一个巨大的数目。

运气不好。唯一在抗衡李施德林中取得进展的品牌是斯科普,它是味道好的漱口水。如今,斯科普是这个品类中强大的第二品牌。

好味道在去除难闻口气的除菌产品中合理吗?可能不合理。但是这个概念是领先品牌的对立面,因此值得认真思考。(在顾客心智中将李施德林重新定位成"药味"也帮助了斯科普品牌的打造。)

漱口水的第三品牌(Plax)通过创建新品类避开了皇冠可乐陷阱。Plax 是第一个消除牙垢的漱口水。(Plax/Plaque 是个简单易记而且很有效的品牌名。)

在啤酒中做得不同

在有些品类中，品牌繁杂，像置身树林之中难以看清森林。例如啤酒。啤酒行业中产品的繁衍使得难以看清第一、第二品牌之间的竞争。一些超市中有 50 ~ 100 个不同的啤酒品牌。

在啤酒定位的操作中，有两个明显的趋势，其中一个趋势就是淡啤。

美国销量最大的啤酒不是百威，而是百威淡啤，后者已经超过了它高热量的同胞兄弟。就啤酒的领先地位来说，战争已经结束了，百威淡啤胜出。百威淡啤的销量超过了其后两个淡啤品牌库尔斯淡啤和米勒淡啤的总销量。

第二个趋势就是长时期的第二品牌米勒淡啤的销量逐渐下滑。

米勒淡啤是第一个淡啤品牌，它把领先地位输给了百威淡啤，之后又落在库尔斯淡啤之后。库尔斯所有品牌的销量今后可能会超过米勒系列啤酒。

扼杀米勒的是它大肆地延伸产品线。这个酿酒商除了销售米勒淡啤，还销售米勒海雷夫（Miller High Life）、米勒海雷夫淡啤（Miller High Life Light）、米勒老温伯（Miller Genuine Draft）和米勒老温伯淡啤（Miller Genuine Draft Light）。

我们不能忘记米勒在这几十年里推出的很多其他品牌，包括这些明显失败的品牌：米勒清纯（Miller Clear）、米勒超级淡啤（Miller Ultra Lite）、米勒常规（Miller Regular）、米勒珍藏（Miller Reserve）、米勒珍藏淡啤（Miller Reserve Light）和米勒珍藏琥珀色啤酒（Miller Reserve Amber Ale）。

要成为领先品牌的替代品是很难的，要成为领先品牌的一系列替代品几乎没有可能。米勒应该把所有的资源都放在一个品牌上，而那个品牌显然就是米勒淡啤。

但是米勒淡啤如何成为百威淡啤的对立面？百威淡啤除了是"热

销"的啤酒外，它只不过是个匿名产品，除了它是中西部地区出产的
啤酒之外。

事实上，库尔斯淡啤有一个失之交臂的天然的"相反"概念。库
尔斯不是中西部啤酒，而是在科罗拉多州的戈尔登用"落基山脉泉水"
酿造。现在这个品牌不再只在戈尔登酿造，因此这个概念已经失效，
尽管这种认知一直存在。

米勒应该做什么

认知一直存在。和米勒品牌相关的两个认知是"口感好，不胀
肚"和"米勒时间"。米勒应该选择这两个认知中的一个来推广米勒
淡啤品牌。

但是选哪一个？

"口感好，不胀肚"是适合所有淡啤的通用概念。如果你喜欢啤
酒，那么所有淡啤都有好口感，也不胀肚。此外，口号无法打造品牌，
是品牌打造了口号。米勒莱特作为第一种进入顾客心智的淡啤获得的
巨大成功使人们记住了这个口号。

"米勒时间"的概念就恰恰相反。在传统第二品牌（Schlitz）销量
下滑的年代，米勒酿酒公司推出了米勒高品质生活，其主题是"一天
辛苦工作后的犒劳"。电视广告播放农民、工人和建筑工人在结束一天
的辛苦工作后走进酒吧。5 点钟是"米勒时间"。

米勒的销售腾飞了。到 1979 年，米勒高品质生活的市场份额仅比
百威落后 21%。米勒成了强大的第二品牌。

实际上，米勒高品质生活和米勒莱特两个品牌加起来的销量在
1978 ～ 1980 年超过了百威，米勒连连获胜。

随后，产品线延伸的后果爆发了。米勒莱特上去了，米勒高品质
生活下来了，这是产品线延伸的典型症状。米勒高品质生活的销量从

1979 年的 2 360 万桶下滑到 2003 年的 530 万桶。

米勒酿酒公司（现在是 SAB 米勒）多次尝试修改"米勒时间"的口号，但是执行不力。

有口头口号，也有行动口号。"正宗货"是口头口号。顾客立刻就获得了这样的概念，即可口可乐是原创，其他品牌是模仿品。

"米勒时间"是行动口号。如果这个口号在说出来之前没有行动的话，就没有什么意义。一则电视广告必须制造一天艰苦劳动的场景来与犒劳情感建立联系，即在 5 点喝啤酒。

清理米勒的烂摊子为时过晚了吗？米勒会走上 Schlitz 的道路吗？凑巧的是，Schlitz 淡啤是市场上的第二淡啤品牌，它的产品线延伸行为并没有造成 Schlitz 品牌的陨落。

只有时间才能证明。

寻找新的大创意

像米勒这样的处境经常会出现这个问题：我们为什么要把自己局限在顾客心智中已有的认知上？肯定能找到扭转品牌现状的新概念。

一厢情愿的想法。当一个品牌在市场上存在了像米勒那么长的时间（148 年），像米勒那样播放了大规模的广告（现在每年有 4.59 亿美元）后，相信自己能找到一个改变历史的新概念是一厢情愿。用老概念新面孔呢？可能行。但是用全新的概念呢？肯定不行。

"米勒，爽口啤酒。"

什么？米勒酿造啤酒有 150 年了，而有人才发觉它是爽口的啤酒？这个口号听起来像是假冒的。

G.I.Joe vs. 芭比娃娃

假设你想要推出一种娃娃和美泰公司（Mattel）的芭比娃娃竞争。这很难，因为儿童玩具通常是标准之争。有了芭比，就没有第二品牌。

于是孩之宝（Hasbro）玩具公司把娃娃概念带向了极端。公司没有推出针对小女孩的更好的娃娃，而是针对小男孩推出了叫做 G.I.Joe 的娃娃。

男孩子会玩娃娃吗？当然。孩之宝玩具公司把它的新产品称为"行动人物"。

1964 年，G.I.Joe 娃娃在玩具市场上掀起了风暴，就像 20 年前美国大兵在诺曼底抢滩登陆一样。至今为止，G.I.Joe 已经卖出了 3.75 亿个娃娃。

布拉茨 vs. 芭比

芭比娃娃在 1997 年顶峰时的销售额达到了 19 亿美元，占时尚娃娃市场超过 90% 的份额。但是，最近它的份额降到了 70%。

原因是布拉茨（Bratz）。芭比吸引的是 3 ~ 7 岁的小女孩，而布拉茨的目标人群是 8 ~ 12 岁的女孩。2001 年由 MGA 娱乐公司推出的布拉茨娃娃非常与众不同。布拉茨娃娃长着超大的头，撅着嘴，卡通眼睛，一副搞笑的样子。而芭比娃娃甜蜜并且一本正经。布拉茨娃娃 2004 年的销售额有望突破 5 亿美元。

很多公司和个人通常会叹息为时已晚。我们错过了电视、电脑和互联网的机会，但是每一项进展都会为第二品牌和新分支创造无穷的机会。令人惊讶的是，这些机会存在了很长的时间，才等来创业家的突然采纳。

芭比娃娃的推出和布拉茨娃娃的推出间隔了 43 年，后者是美泰公司垄断产品的最可行的替代品。43 年时间后才提出了有效的第二品牌战略。

不要哀叹缺少机会。你四处看看就会发现每个方向都有机会。

男子汉经理人请注意

"第二品牌没有位置,"文斯·隆巴尔迪(Vince Lombardi)说,"我的比赛中只有一个位置,那就是第一。"

在橄榄球领域可能是这样,但在商业中,第二位置存在的空间很大。公司犯的一个最大错误就是在应该尽力拼杀坐稳第二位置时试图推翻领先者。

要注意。公司文化不会友善对待愿意做第二的经理人。这不是男子汉的行为。耐克在奥运会上的广告词说:"你没有赢得银牌;你输了金牌。"

优秀营销战略的实质是知道自己什么时候能赢,什么时候不能赢。如果你不能赢,你就盯住银牌,而不是头破血流地去争取金牌。

高科技的问题

在啤酒和其他消费品领域,确立第二品牌位置的问题相对简单。有时甚至细微的差别也足以坐稳第二品牌的位置。但是,在高科技领域,确立第二位品牌的问题要困难一些。

在高科技产品中,总存在实际标准的问题。麦金塔 OS 可能是比 Windows 更好的个人电脑操作系统,但是如果公司里其他人都在使用微软的产品,就没人会愿意转向苹果的产品。

Windows 拥有 95% 的市场份额,它是个人电脑操作系统的实际标准。没人处于第二位置。

你可以赞叹苹果工艺的出色、设计的独特、出挑的颜色和史蒂夫·乔布斯的公关妙招。但事实就是事实。苹果的战略出了问题。

iPod 可能是一个有着出色公关的出色产品，但是它无法解决苹果的问题。苹果的问题是微软。2003 ~ 2004 年度苹果在全球个人电脑操作系统软件的市场上只有 2.6% 的份额，仅随其后的 Linux 只有 2.3% 的市场份额。

标准之争则不同

在标准之争中，要么是全部，要么什么都不是。如果美国的所有酒吧和餐厅只卖一种啤酒，百威的市场份额会在一夜之间翻一番。第二位置在标准之争中什么都不是。

这不是假设的情况。在可乐品类中，确实有一个每个餐厅一种可乐的标准。正如你可能预期的那样，领先品牌（可口可乐）在赢家通吃的餐厅市场所占的份额比它在超市和便利店所占的份额多得多，因为它在后两种地方遇到了百事可乐的竞争。（可口可乐拥有国内杯装零售可乐市场 68% 的份额，而百事只有 22%。）

销售个人电脑操作系统（在苹果公司的案例中，是运行操作系统的电脑）就像在只卖一种可乐的餐厅里销售可乐。位居第二就没有多大好处，因为没有第二品牌的生存空间。

微软占据了全球绝大部分个人电脑操作系统市场，它处于令人难以置信的强势地位。一个旧玩笑能说明微软的强大。

"装一个灯泡需要多少位微软软件工程师？"

"不需要。他们只要宣布黑暗就是标准。"

但当你面对像微软这样的竞争对手时该怎么办？你需要细分市场。你必须放弃一半甚至更多的市场，把精力放在剩下的板块上。你要和百威竞争，就显然要放弃低端酒吧和餐厅，聚焦于高端市场。

苹果公司本该做什么

我们本应该放弃通用商业市场，在这场战争中苹果已经输了，而聚焦于图形市场，苹果在这场战争中已经获胜。大部分艺术总监、设计师、建筑师和其他图形专业人士都用麦金塔电脑。

但这里有个曲解。我们是否应该把这些麦金塔电脑推销给商用市场中处理很多图片的用户板块？在美国做生意的数百万主管人员每周都要做 Powerpoint 演示。（微软估计每天放映的 Powerpoint 幻灯片有 3 000 万张。）

但这不应该是麦金塔电脑当前的产品，这些产品只是 Wintel 电脑的友好兄弟。2004 年的麦金塔电脑本应该是 20 年聚焦图形处理的最终结果。换而言之，沿着标明"图形"电脑而不是标明"通用商用"电脑的分支进化。

你无法依靠更好的产品赢得标准之争；你需要更好的战略。（想想索尼的 Betamax。）

当苹果公司在 1984 年推出麦金塔电脑时（还记得它在超级杯广告中"1984"的标题吗？），人们普遍欢呼这是比 IBM 个人电脑更好的重大改进产品，特别是图形用户界面。

没关系。当 1984 年到来的时候，尽管推出更好的产品已经为时已晚，但是推出更好的战略永远不会太晚。

THE ORIGIN OF BRANDS

定律 13

修剪的威力
The Power of Pruning

修剪前

修剪后

　　要让一株植物一直健康生长，就要修剪它。要让一个公司和一个品牌健康运转，企业园丁们应该做同样的事情。

每个园丁都知道，让树木保持旺盛的方法就是修剪。

为什么公司的园丁接受这个道理就很困难？朝各个方向生长会削弱植物，也同样会削弱公司。

每小时、每天、每周、每月，典型的公司都会向更多的产品、行业、分销渠道和价格点扩张。公司成长和生物的成长一样，几乎看不到。你看不到草的生长，你也无法看清公司的成长。

西尔斯毫无约束的成长

以西尔斯·罗巴克公司（Sears Roebuck）为例。大多数人认为西尔斯是购买电器和服装的好地方。翻看黄页，你就会发现西尔斯也出现在很多其他的业务中。有一些例子：

- 西尔斯汽车中心；
- 西尔斯地毯和室内装潢清洗；
- 西尔斯干洗和补鞋部；
- 西尔斯驾校；
- 西尔斯电器修理；
- 西尔斯眼镜和隐形眼镜中心；
- 西尔斯栅栏；
- 西尔斯听力辅助中心；
- 西尔斯绘画；
- 西尔斯管道、下水道清洁；
- 西尔斯泳池管理顾问；
- 西尔斯肖像画室；
- 西尔斯租车；
- 西尔斯白蚁和有害物控制。

当然，这些副业都是特许经营的，但它们还是要付出管理实践和关注。此外，它们分散了西尔斯品牌的实力。当品牌代表所有东西时，就什么都代表不了。

多年前，西尔斯自我吹嘘是"地球上最便宜的供应商"，显然这已经不是事实了。

廉价只是打造零售品牌的众多方法之一。不幸的是，西尔斯的低价概念输给了沃尔玛，并且没有用一个新概念来替换这个核心概念。

西尔斯是什么？我们不知道。你知道吗？

西尔斯应该是什么？我们应该把软货物修剪掉，让这个零售商聚焦于硬货，特别是家用电器。西尔斯在电器领域中是第一，占有39%的市场份额。

从竞争的角度来看，劳氏是第二品牌，家得宝是第三品牌。这两个零售商都在追赶西尔斯。劳氏或家得宝出售服饰或珠宝吗？

成长的限制

管理最终限制了公司最适宜的规模。你如何管理一项自己不懂的业务？

你办不到。此外，如果你能理解今天自己的业务，由于进化和分化，你可能无法理解明天的业务。

如果阿尔弗雷德·斯隆能回来管理今天的通用汽车公司，他可能会对通用汽车公司涉足的汽车种类和细分市场感到茫然。

- 比如说矫正视力业务。过去，你去找验光师，他会为你的眼睛验光再给你配一副眼镜。如今，我们有很多类型的眼镜，包括渐焦镜。我们也有隐形眼镜（常规和抛弃型），还有激光手术。随着品类的进化和分化，公司必须决定走哪条路，忽略哪条路。

- 比如说录像业务。最初，我们有录像带，随后有激光影碟。如今，我们还有数字影碟DVD、可刻录DVD和DVD光驱。

■ 比如说婴儿汽车座椅。现在有 4 种类型：婴儿座椅、后向婴儿座椅、前向婴儿摇椅和加高座椅。有个宝宝就意味着至少看过 3 种汽车座椅。过去，宝宝就坐在你的膝盖上。

简单的婴儿推车也进化成以下品类：四轮推车、全尺寸推车、中型推车、全地形推车、轻型推车、折叠推车、学步车、双轮和三轮以及框架（可以把婴儿椅放在里面）。

从长远来看，事物总是变得越来越复杂、越来越难以管理。从长远看，唯一的解决方法就是修剪。

橱柜定律

每天，美国的每个橱柜总是变得越来越乱。解决橱柜问题的唯一方法就是定期整理和修剪。

物理学家认为橱柜原理是热力学第二定律。在一个封闭系统中，熵（或者说无序程度）总是会增加。换言之，事物总是会变得越来越无序。

缓慢而潜伏的这一过程导致公司执行官误入歧途。一天天，很难看清分化在发生作用。（也没有人看清自然界中的分化。）你只有在回顾历史的时候才能看到分化的作用。不幸的是，那时已经为时太晚。

在园艺领域，你经常听到"修剪"这个词。在会议室里，你几乎从未听到过。会议室里的热点就是扩张。我们该如何扩张我们的业务，以增加销售额和利润？

一个方法就是兼并和收购。20 世纪 90 年代后半期，并购浪潮席卷了美国企业界。除了投资银行业，并购无一不是失败者的游戏。1995 ~ 2000 年，由于兼并而导致的股东价值亏损达 1 万亿美元。

好的兼并和坏的兼并

从战略的角度来看，兼并并不一定是坏事。当公司收购直接竞争对手时，发生的两件事都是好事。公司增加了市场份额，也减少了竞争。

当公司收购另一个行业的另一家公司时，发生的两件事都是坏事。品牌因为代表一系列产品或服务而削弱，并且管理能力因为控制范围的加大而减弱。

不幸的是，后一种兼并赢得了很多赞成兼并人士的掌声。增加公司产品线的兼并通常被认为是"绝配"。（想想美国在线和时代华纳。）

由于扩张成了当前的热门词，制造高档轿车的公司和制造平价轿车的公司之间可能是"绝配"。这样，每家公司都能扩大自己的市场。所以戴姆勒 – 奔驰集团和克莱斯勒公司合并组成了戴姆勒 – 克莱斯勒集团。

真是个灾难！

从 1998 年 11 月的兼并以来，戴姆勒 – 克莱斯勒的股价下跌了大约一半。

另一种兼并赢得了积极的媒体公关，但成果不大。那就是惠普和康柏的合并。在合并宣布的前一天，即 2001 年 9 月 4 日，两家公司的市值总和是 660 亿美元。

如今由于股市兴旺，惠普的价值是 760 亿美元。但是这项合并的结局对股东是有利还是有弊，还需要时间的验证。

再看看 AT&T 的艰辛。电脑将和通信合并，于是 AT&T 收购了一家电脑公司（NCR），5 年后把这家公司分拆出去，AT&T 被曝损失了 60 亿美元。为了成为一站式电信供应商，AT&T 收购了 McCaw 移动电话公司，随后收购了美国手机第一运营商。

收购还在继续。有线将和电信合并，于是 AT&T 收购了电信公司（Tele-Communications Inc.）和其他几家有线公司，成了美国最大的有线系统运营商。

毫无效果。因为华尔街不断增加的压力，AT&T分拆了它的手机业务，并将有线业务出售给了Comcast。

通常当品类分化时，公司应该将事业部分拆。这对事业部和公司都有好处。这也符合自然规律。部分的总和大于整体。

升级神话

另一个对美国企业界造成巨大破坏的神话是"升级"神话。就是说，要尽可能浮夸地去定义公司的业务。AT&T为什么要收购这些有线公司？因为AT&T不是"电话"公司，它身处"通信"领域。

通信业务是什么？电话、电视、有线电视、卫星电视、互联网、报纸、杂志、广播、广告和公关都是通信业务的各个方面。

一家公司应该进入所有这些业务吗？当你扩大了所处业务的定义时，你就在逆分化潮流而行。随着时间的流逝，你应该考虑缩小你的业务范围。

缩小你的业务范围（并修剪你的公司）和传统背道而驰，它同样和世界上任何地方的管理刊物上发表的著名文章中提出的建议相反。

"营销近视症"

在《哈佛商业评论》1960年7/8月刊中，西奥多·莱维特（Theodore Levitt）写了一篇文章，影响了随后几十年间成千上万的公司经理人。

文章的标题是《营销近视症》（*Marketing Myopia*），指责"目光短浅的管理层"把自己的行业限定得过于狭窄。他提出的典型例子就是铁路业。

"铁路没有因为乘客和货物运输的需求下降而停止增长。它成长了。铁路今天陷入困境，不是因为需求被其他运输方式（汽车、卡车、飞机甚至电话）所满足，而是因为铁路本身没有满足需求。铁路让其他运输方式抢走了客户，因为它们假设自己是在铁路业而不是在运输业。"

铁路业确实是一项糟糕的业务，但是你知道有哪一家公司在"运输"业务中做得很成功吗？

我们有成功的航空公司、航空货运公司、船运公司、卡车运输公司、出租车公司、集装箱公司、巴士公司、油轮公司甚至一些成功的铁路公司，但是我们不知道任何成功的"运输"公司。运输在这个自然界青睐分化的时代中是个融合概念。

继续获得成功的铁路公司与莱维特提出的建议背道而驰。这些公司退出了乘客业务，聚焦于货运。

实际上，莱维特的文章主题不是铁路而是石油业务。莱维特指责石油公司把自己认定为从事石油业务，而不是在从事能源业务。莱维特预测："我相信不出 25 年，石油业将会发现自己就像铁路业现在的处境一样，处于过去的辉煌中。"

石油业务 vs. 能源业务

你有没有发现石油行业的表现只是尚可？

在《营销近视症》发表 44 年后，你知道有哪家公司把自己定义为从事能源业务？

在能源业务的这个或那个方面，有石油公司、石油管道公司、电力设施、燃气设施、煤矿公司和很多其他类型的公司，但是没有公司称自己是全球能源公司并使这个称号有意义。

可能有一家这样的公司。1985 年，因特诺思公司（InterNorth）收购了休斯敦天然气公司（Houston Natural Gas），建立了美国最大的天然气管道系统。公司聘请肯尼斯·雷（Kenneth Lay）担任 CEO 并取了个新名字——安然。该公司从一个燃气管道运营商变成了全球最大的能源交易商。

我们都知道那个战略的结果。

遗憾的是，美国企业界最受欢迎的经理人不是那些赞成分化、缩小规模和聚焦的人，而是那些像肯尼斯·雷那样总在考虑收购下一家公司的大幻想家。

你想飞向自信心膨胀的高空，还是潜入埋着金钱的深谷？

UPS 服务的升级

美国公司心中的夸耀倾向根深蒂固。UPS 里的一位高级营销人员一次问里斯对公司新标志的看法。

里斯说："我喜欢这个标志，但 UPS 真正需要的是一个激励性的概念或战斗口号。就像'UPS 比全球任何其他包裹递送公司在更多的地方向更多人递送更多包裹'。"

这位高级营销人员说："UPS 从事的不是包裹递送服务。"

"哈。这真奇怪。作为顾客，我一直认为 UPS 从事的是包裹递送业务。"

"不，UPS 从事的是物流业务。"

他不是在开玩笑。UPS 正在重新油漆它的 88 000 辆汽车，推出新的主题："与世界商业同步。"（听起来就像 UPS 是要考虑进入钟表业一样。）

联邦快递公司也如此。当公司首席信息官被要求描述其公司业务时，他说："我们从事控制时间的业务。"

与此同时，UPS 的一个次竞争对手莱德（Ryder）公司也在做相同的事。莱德的主题是"世界物流和运输解决方案"。

升级语言和降级含义

"我们从事的不是啤酒业务，"库尔斯公司的营销执行副总裁说，"我们从事的是社会心情改善业务。"

对清晰的思维构成障碍的正是语言的不断升级。生活中没有哪个方面是没有受到这种升级政策影响的。

- 医生现在叫医师；
- 律师现在叫法律代理人；
- 警察现在叫法律执行官；
- 维修人员现在叫物理工厂经理；
- 看门人现在叫保管工程师；
- 垃圾收集人现在叫卫生工程师；
- 商业战略现在叫商业模型；
- 数字现在叫数据；
- 会计公司现在叫专业服务公司；
- 采购部现在叫收购部门；
- 人事部现在叫人力资源部；
- 鞭炮现在叫烟火；
- 监狱现在叫惩教设施；

"所有放烟火的人都会被法律执行官员拘捕并投入惩教设施。"

金融服务公司是什么

经久不衰的商业热门词之一就是"金融服务"。很多公司想要成为定义为金融服务品类的领导者。但是那是人们的思考方式吗？

- 如果你想购买银行服务，你会去花旗银行那样的银行；
- 如果你想购买保险，你会去像保诚（Prudential）那样的保险公司。

■ 如果你想购买股票或共同基金，你会去像美林证券那样的经纪
公司。

"让我们去金融服务公司获得金融服务"不是人们谈论的方式。人
们用特定的词语交流，而不是用通用性的语言。

（根据 TowerGroup 的一项调研，典型的美国家庭有 12～15 个金
融产品，信用卡、支票账户、储蓄账户、抵押贷款、人寿保险、汽车
保险、家庭保险等，这些金融产品是由 5 家不同的机构提供的。）

事实上，从特殊到一般比从一般到特殊要容易。人们知道药店除
了出售药品之外还卖很多其他东西，如纸巾、糖果、软饮料、文具、
照相用品等。

药店（对不起，是药房）应该把自己描述成"个人服务"商店
吗？我们可不这么认为。

"营销"和"营销传播"

波士顿烤鸡（Boston Chicken）刚开张时轰动一时。它是第一家
聚焦于外带食用市场的烤鸡快餐连锁店。但是随后它的菜单上增加
了火鸡、肉面包、火腿和其他食物后，并改名为波士顿市场（Boston
Market）。

人人都知道鸡肉餐是什么，但是"市场"餐是什么？难怪这家公
司最后破产了。

你可能知道很多著名的广告公司和公关公司，但是你知道有多少
家著名的"营销传播"公司吗？

说一个。

这些膨胀的机构常常把这种浮夸的名字看成没有坏处的吹捧。如
果你的广告公司自称为整合营销传播公司，有谁会真的在意呢？你还
是把它们看作是你的"广告公司"，称它们为"广告公司"，向别人介

绍时也称其为"广告公司"吧。

营销传播作为一个品类名是没有未来的。

一个多平台媒体品牌

当你听到社长兼发行人汤姆·柯利（Tom Curley）说，美国发行量最大的报纸"不再是报纸"时，你可能会很惊讶。它是一个"多平台媒体品牌"。只要读者和广告主还认为《今日美国》是一份全国性的报纸，这就没什么危害。

像《今日美国》这样已经建立起来的老品牌夸大自己的品类，通常不会受到伤害。但对想进入叫做多平台媒体品牌这个神秘品类的新品牌就会有危害。

比如说迪士尼公司旗下 Miramax 的子公司 Talk Media。这家新公司背后的推动力是《名利场》《纽约客》和英国杂志《闲谈者》的前编辑蒂娜·布朗（Tina Brown）。

蒂娜的目标很宏大。她想把杂志和书本的世界通过电影与电视产业联结起来。多平台媒体链的第一个联结是《谈话》（Talk）。

尽管《谈话》获得了大量的有利公关，但在起初的两年内还是亏损了 5 400 万美元。于是 Miramax 终止了这项业务，蒂娜也另谋高就去了。

另一个令人失望的多媒体是梦工厂公司（DreamWorks SKG）。这家公司是由导演史蒂文·斯皮尔伯格（Steven Spielberg）、动画执行杰弗里·卡森伯格（Jefrey Katzenberg）和音乐权威戴维·格芬（David Geffen）在大约 10 年前创办的，并希望成为音乐、电视和电影的发电站。

梦想已经破灭。电影业务做得并不好。除了《政界小人物》（Spin City），它的电视节目从未真正起飞。最近，梦工厂将其音乐部门以 1 亿美元出售。

尽管有这么多"多媒体"的吹嘘，也很难想象一个新品牌能将自已打造成多媒体品牌。

这是个古老的事实／认知难题。生活是真实的，但是在商业和生活中起关键作用的不是事实，而是对事实的认知。仅仅因为通用汽车公司有专为部分员工服务的公司自助餐厅，并不能说明通用跟汽车公司是一家运输和餐饮公司。仅仅因为《今日美国》有一家亏损的网站并不说明它变成了一个多平台媒体品牌。

全套服务媒体公司

夸大品类导致危害的主要例子是 Primedia 公司。1999 年，汤姆·罗杰斯（Tom Rogers）被全部买下 Primedia 公司的科尔伯格·克拉维斯·罗伯茨公司（Kohlberg Kravis Roberts）从全国广播公司挖到了 Primedia 公司，以把 Primedia 公司从一个杂志和目录的大杂烩扩张成介入互联网的全套服务媒体公司。

当时，科尔伯格·克拉维斯·罗伯茨公司的亨利·克拉维斯（Henry Kravis）说："我们真正需要的是成为全套服务媒体公司，这意味着不仅仅是印刷、电视、互联网，而是我们需要带着我们拥有的资产真正跨入新技术。"

罗杰斯上任几个月后，Primedia 公司的股票就达到了每股 34 美元。如今的股价是 2.6 美元。

"一位分析家说，Primedia 公司的股价永远无法复原的部分原因在于，"《纽约时报》报道说，"罗杰斯先生永远不会否定融合印刷和数字资产的战略。"

如今汤姆·罗杰斯已经辞职，而科尔伯格·克拉维斯·罗伯茨公司正在让 Primedia 公司瘦身重返利润高的有关爱好者的杂志，就像《枪支弹药》（*Gum & Ammo*）、《国家猪农》（*National Hog Farmer*）和《卡车》（*Truckin*）。

回归本位。这是营销中最好的方法。

所有多媒体

多媒体毫无成果的活生生的例子就是维旺迪环球公司和它的前任
CEO 简·马利·梅西尔（Jean-Marie Messier）。《纽约时报》报道说：
"他住在公园大道上价值 1 750 万美元的公寓里，乘坐好几架私人喷气
式飞机飞往世界各地，满怀热情地演说'强强联合'和'融合'。"

仅在 6 年内，梅西尔就通过收购位于大西洋两岸的 MCA 唱片
公司、环球电影制片厂（Universal Studios）、美国网络公司（USA
Networks）以及多种出版物、主题公园、游戏制造商和互联网公司，
成功地把 Vivendi 公司转变成一家全球媒体联合体企业。

据《商业周刊》报道，游戏的计划如下："曾几何时，很多媒体
主管梦想通过夺取新网站、网络、无线分销系统和有线电视公司创造
一个新世界。这是一个乌托邦，在那个世界中，每一种媒体，从电影、
游戏到音乐，可以通过任一可以想象的发明和玩意随时随地传递给每
个人。"

如今，梅西尔已经下台了，维旺迪公司的市值下跌了大约 700 亿
美元，维旺迪在业务上被稀释和出售，在财务上被迫消减。

我们的经验是，在任何行业的几乎每家公司都能通过出售、分拆
或终止某些业务而变得更强大，财务上也会变得更健康。

少就是多。但是要在会议室里推销"少"的观念就极其困难，因
为在那儿通常关注的是"多"。利用品牌资产优势进行更多的兼并、更
多的收购、更多的分销渠道、更多的产品线延伸和更多的活动。

不加引导的增长导致的毁灭性效果是很难看清的，特别是当这些
效应要跨越几十年的时间才会发生的时候。

索尼的困境

以索尼公司为例。如果做一个调查，你可能会发现索尼是世界上最受尊敬的电子品牌。索尼领先于任何可能排名第二的品牌。

拥有索尼产品棒极了。但是索尼的股东怎么样？这家公司盈利吗？事实令人沮丧。索尼公司的税后利润非常低。

在 2004 年前的 10 年中，索尼公司的收入达 5 192 亿美元，但是税后净利润只有 40 亿美元，即销售额的 0.8%。这样的回报还不够偿还银行贷款，更不必说给投资人分红了。

当然，那是在日本。那谁来偿还银行贷款呢？没人还。日本银行（Bank of Japan）已经把它的基准短期利率降到了零。

和大多数日本公司一样，索尼的产品线延伸非常严重。索尼把它的品牌名放在电视机、录像机、数码相机、个人电脑、手机、半导体、便携式摄像机、DVD 播放器、MP3 播放器、立体声音响、广播电视设备、电池和很多其他产品上。

然而，索尼最赚钱的产品是 PlayStation 视频游戏机，这个品牌最少利用到索尼这个名字。（PlayStation 和索尼品牌一样强大，对游戏机而言它甚至是更好的品牌名，因为它在预期顾客心智中有所代表。）

索尼和戴尔的比较

索尼生产个人电脑和很多其他产品。戴尔只生产个人电脑（直到最近才增加了打印机）。在过去的 1993 ~ 2003 年 10 年中，戴尔的销售额为 1 403 亿美元，税后净利润 85 亿美元，税后净利润率达到 6.1%，而索尼只有 0.8%。

你可能会认为这样的对比是不公平的。你选了一个利润特别高的公司（戴尔）。

事实并非如此。戴尔身处高度竞争的行业，利润率非常低。结果，戴尔的 6.1% 并不特别出众，但已经超过了平均水平。

在过去的 1993 ~ 2003 年 10 年中，《财富》500 强公司的平均净利润率是 4.7%。（如果不计算最近两年的话，净利润率可跃至 5.7%。）

很多美国公司做得更好。微软：31.7%；英特尔：21.6%；可口可乐：16.5%。索尼的税后净利润率只有 0.8%，说明它并非强者中的一员。

在 1972 年《定位》出版后，我们就一直在宣讲产品线延伸的危害，每次我们讲的时候总有人说："日本公司呢？它们的做法和你们的建议完全相反，但它们还是非常成功。"

它们成功吗？

日本公司的历史记录

在过去的 1993 ~ 2003 年 10 年中，日立共收入 7 080 亿美元，但仍亏损 7.22 亿美元。NEC 共收入 3 970 亿美元，亏损 13 亿美元。富士通共收入 3 820 亿美元，亏损 16 亿美元。东芝共收入 4 630 亿美元，但净利润率只有 0.15%。

规模大而不聚焦的公司，其税后利润很小。如果公司不盈利，就无法偿还银行贷款。如果无法偿还银行贷款，银行就会陷入困境。

银行一旦陷入困境，国家的经济就陷入困境。如果一个国家的经济陷入困境，国家的政治体系就会出现问题。

日本经济系统的高端很脆弱。日本的大多数公司除了不赚钱，基本什么产品都做。

为什么规模大而不聚焦的日本公司那么难以盈利？并不是产品质量的原因。大多数日本公司在全球享有质量好的声誉。大多数日本公司都值得获得这样的声誉。

我们的结论是产品线延伸破坏了品牌的打造。当一家公司用一个品牌名生产销售一系列产品时，要把那个品牌名打造成强大的品牌就非常困难。

没有一家日本公司盈利吗？品牌相对聚焦的公司就好很多。夏普（1.8%）、丰田（3.1%）、本田（3.3%）、佳能（3.8%）。

我们已经追踪日本公司的财务状况好多年了。我们发现大型的日本公司平均税后净利润率大约为1%，而美国的大公司则是5%。

IBM 公司的历史记录

早期的成功建立信心的同时也创造了利润。在电脑业中，没有哪家公司像IBM公司一样在早期获得巨大的成功。IBM曾一度占到整个电脑业营业收入的80%。这个历史记录预示着IBM将会统治电脑大树上的每个硬件和软件分支。

随着时间的流逝，金钱、资源和才能从各个方位注入电脑业，创造了大量的竞争对手。IBM不应该涵盖每个细分市场，而应该接受建议修剪业务而不是扩展业务。

IBM被广为指责沉迷于"大型主机心理"。就是说，没有足够快地进入个人电脑领域。但是可能IBM公司根本就不应该进入个人电脑业，在这个品类中它没赚到钱。

IBM意图统治和控制电脑业的顶峰是1987年3月17日，它发布了系统应用架构（Systems Application Architecture）。该软件界面、会议和标准的集合体使得为IBM三组（大型主机、中型电脑和个人电脑）电脑之一编写的软件不仅能在那个组上运行，还能在其他两个组上运行。

这是个伟大的计划，它把软件扑在了整个电脑蛋糕上。据一位观察家预计，该架构耗资100亿美元，只有像IBM这样的巨无霸公司才能承受。

系统应用架构的关键组件之一就是"共用外观"概念。所有 3 条产品线（以及它们的很多变体）将有一个像飞机、汽车和船只共用的用户界面（仪表盘），基本上它们只是"运输的不同形式"。

到了 20 世纪 90 年代早期，IBM 严重亏损，系统应用架构也一无所成。（浮夸的计划绝不会灭绝，它们只会慢慢退出。）CEO 约翰·艾克斯（John Akers）被解雇，由来自雷诺兹－纳贝斯克公司（RJR Nabisco）的郭士纳（Lou Gerstner）接任。

"你对 IBM 的愿景是什么？"有人问郭士纳。他的回答很出名："IBM 现在最不需要的就是愿景。"我们认为他说的对。令 IBM 陷入困境的原因之一就是叫做系统应用架构的高层愿景。

历史会重演。IBM 在 20 世纪八九十年代用系统应用架构所做的事正是微软现在在尝试的战略。微软想把所有东西放在一个巨大的软件包里。

通才让位

在快速扩张的行业（想想分化），如果你制定了覆盖市场所有方面的愿景，你就是在自找麻烦。更好的方法是挑选你能主导的细分市场。

如今 IBM 在电脑和相关产业的经济活动中占 11%，但是它比当初快速增长时要健康得多。

如果你回顾历史，你会发现美国第一家零售店是"通才"，它出售所有的东西，从杂货、服饰、家居用品到家具。

杂货和服饰是最早分支出去的品类，使得很多百货店变成了"干货"店。除了在闭塞的社区，通才店和干货店都消失了，被更专业的店所取代。

现在不存在通用电脑公司。甚至 IBM 也把自己转变成全球 IT 外包和咨询公司。（今天，服务和软件收入占到 IBM 总收入的 61%。）

正如郭士纳在他的书《谁说大象不能跳舞》(*Who Says Elephants Can't Dance?*)中写的那样："当我回顾我在 IBM 公司的生涯，毫无疑问我们获得的成功中有很大一部分要归功于我们没有做的事情。"

分拆和修剪

惠普不应该收购康柏公司（一项被郭士纳拒绝的交易），它本应该寻找方法去精简它的业务（可能要分拆打印业务），而不是使之更复杂。

分拆就像是给植物修剪。你如何确保植物处于健康状态？就是要定期修剪。

你如何保证公司处于健康状态？就是不断修剪，分拆那些在分化的环境中必然会从核心部分长出的新部门。

品牌名的问题常常使分拆变得困难。当安达信咨询（Anderson Consulting）设法从安达信公司（Arthur Anderson）的审计业务分拆出来时，迟疑的就是新公司的名字。显然两家公司都不应该继续使用相同的名字。（如今没人想要失去光泽的安达信这个名称。）

一位仲裁人决定安达信咨询公司可以从安达信公司分拆，但是要使用一个不同的名字。新的公司叫做埃森哲（Accenture），而且他们即刻耗资 1.5 亿美元想让公众知道公司的新名字。

这笔钱的大部分和分拆中产生的生硬感本来是可以避免的，如果安达信咨询公司当初使用一个不同的名称的话。

名字问题

当一棵树"分枝"时，会发生什么？每年，树的各个主枝会长出越来越多的分枝。

当品类分化时，会发生什么？同样的事情。品类会越分越多。当你试图用一个品牌覆盖所有品类时会发生什么情况？

你的品牌被拉伸，直到达到破裂点。这对品牌不利，对公司也不利。

要安全的成功。用第二品牌会让分拆部门变得容易得多。雷克萨斯能从丰田公司分拆吗？当然没问题。码头工人可以从李维斯公司分拆吗？当然可以。得伟（DeWalt）可以从百得（Black & Decker）公司分拆吗？当然没问题。李维斯 Silvertab 可以从李维斯核心品牌分拆吗？非常难，除非换一个名字。

最近 Palm 公司宣布要分拆它的操作系统软件，建立一个独立的公司 PalmSource。新公司将把软件授权给 Palm 和它的竞争对手。

如果还不算太晚，这是个好的动向。Palm 的软件在 2/3 的掌上电脑上运行，现在宣称占据 57% 的市场。同时，微软在掌上电脑操作系统的市场份额已经上升到 30%。

大概你同时销售硬件和软件时，你就犯了和你的竞争对手一样的典型错误。

分拆会帮助打消戴尔公司那样的潜在客户的疑虑，它现在正独家授权使用微软的掌上电脑操作系统。"Palm 需要这样的防火墙，"戴尔掌上电脑部门的总监托尼·博纳德奥（Tony Bonadero）说，"现在我们使用 Palm 的 OS 时就不会迟疑了。"

THE
ORIGIN
OF
BRANDS

定律 14

创造一个品类
Creating a Category

这是什么?

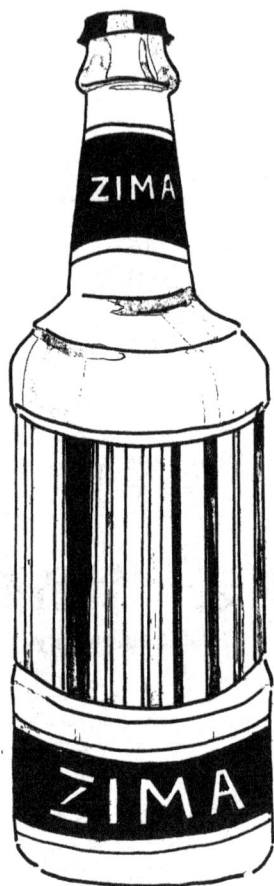

　　"这是什么?"这是所有新品牌的问题。如果你无法定义一个
品类,你的新品牌就不太可能成功。

营销中最困难、回报也最高的工作就是创造一个新品类。

设想一家公司准备向新品类推出新品牌时面临的处境。没有关于新品类的定义，没有市场，没有分销渠道，也没有可参考的竞争对手。新品类中的第一个品牌确实是先驱，而先驱不得不解决所有的问题。

首先，也是最重要的问题，就是新品类的名字是什么。如果你无法简单地定义这个新品类，它就不可能获得成功。

想想由阿道夫·库尔斯公司在1992年推出的新饮料Zima。库尔斯公司没有告诉我们Zima是什么。事实上，库尔斯播放的广告吹嘘说这个新品类藐视给自己下定义。以下是Zima第一条广告的全文：

"Zima ClearMalt是，让我们看看……它含有微量的二氧化碳，但不像啤酒那么多……（虽然它经过发酵）；而且它，嗯，味道醇厚，但又比混合饮料淡一些；而且，嗯，易入口，但不像冰爽葡萄酒（Wine Cooler）那么甜；它颜色清透，能在饮用时看到屋子里其他地方的情况（这非常重要）以及……还有什么吗？你可以直接饮用或加冰块。"

"所以这种饮料不像其他任何饮料。"

Zima到底是什么？有谁知道吗？

第一种能量饮料

相反，来看看红牛。该产品含有微量二氧化碳和高浓度咖啡因的混合物，含有草药、复合维生素B和氨基酸。发明人迪特里希·马特施茨（Dietrich Mateschitz）在泰国偶然喝到了当地流行的健康滋补品Krating Daeng，并在此基础上发明了红牛饮料。

给这个品类取一个"古怪"的名字，是一个让人很难抵挡的诱惑。例如，马特施茨可以购买Krating Daeng这个名字的使用权，或者他也可以把这种新饮料叫做泰国茶。

马特施茨实际的做法是把这种亚洲混合饮料称为"能量饮料"。就这样，它成了第一种能量饮料。

为新的分支下定义时，简单的名字最有效。"能量饮料"不仅简洁，而且它在与第一种"能量棒"PowerBar 的类比中获益。

营销可以看成是填补心智中的空缺。如果有个品类叫做能量棒，那么预期顾客会想，一定有个品类叫做能量饮料。当然，红牛是第一个填补顾客心智中能量饮料空缺的品牌。

"能量饮料"作为品类名生效了，尽管一罐红牛饮料中的成分和PowerBar、Balance bar、Cliff bar 和 Atkins Advantage bar 等能量棒中的成分没多大联系。

营销人有时候在为新品类想名字时太死板了。最重要的不是准确描述新品类的好处，而是用尽可能简单的方式表达出新品类的实质。

最终，红牛因为被人们认为是改善精力的饮料而成为一个强大的品牌，特别是在人们压力和疲劳增大的时候，而有人把压力视为性表现。（"能量"只是用社会能接受的方式表达了这个意思。）

红牛获得了巨大的成功。红牛全球的年销售额达到了 15 亿美元，而迪特里希·马特施茨成了奥地利的首富。

品牌名跟随分支名

如同形式跟随内容一样，品牌名也跟随分支名。一旦为品类取了简洁的名字，接下来就是要选一个独特而出众的品牌名来显示品类的实质。

注意，试图把品类名包含在品牌名中的做法是多此一举。每个名字都应该独立存在，只能通过概念上联结，而不是靠字面的重复。

红色能量（Red Energy）对能量饮料品牌而言就是个多余的名字。此外，这个名字浪费了可以由"牛"这个字更好占有的一半的空间。

说到品牌名，词、音节和字母都是宝贵的。你不应该多此一举地把它们浪费在品类名上。在能找到短单词的情况下，也不要使用长单词。

最好的品牌名都简短、独特而出众，如劳力士、柯达、汰渍、佳洁士、耐克、索尼、Aleve、库尔斯、戴尔、谷歌、福特、雷克萨斯（Lexus）、赫兹、英特尔、Linux、Palm、维萨（Visa）、施乐（Xerox）、雅虎（Yahoo！）、Zara 等。

什么时候该不同，什么时候该相同

打造品牌中通常被忽视的是包装。有时候应该和其他品牌一样，有时候则要不同。

当你试图成为既有品类中强大的第二品牌时，你的包装（不是主色调）应该模仿领先者。百事可乐推出了 12 盎司⊖的 6 瓶和 12 瓶包装，告诉顾客百事和可口可乐是同一个品类的产品。

当你试图创建一个新品类时，就要做得不一样。酒吧或餐厅的几乎每种饮料都是 12 盎司罐装和 20 盎司瓶装。能量饮料作为一个新品类就要做得不同，于是红牛推出了 8.3 盎司的罐装。

更小的容积使红牛被认知为是一个不同于可口可乐、百威或雪碧的不同品类的品牌。此外，更小的包装比大包装更能暗示力量和能量。

随着红牛地位的确立，竞争对手加入了能量饮料的品类。这些跟风品牌中很多试图把"能量"这个词硬塞到它们的品牌名中。有一些例子：亚利桑那极度能量（AriZona Extreme Energy）、旁巴能量（Bomba Energy）、Energade、能量燃料（Energy Fuel）、Go-Go 能量、汉森能量（Hansen's Energy）和约翰能量（Jones Energy）。

至今还没有人在能量饮料品类中成功地建立一个强大的第二品牌。要成为第二品牌就必须找到成为红牛对立面的方法，同时仍然能留在能量品类。这可不简单。

⊖ 1 盎司 =0.02835 千克。

选择简单，而不是复杂

人们通常喜欢长而复杂的品类名，因为这暗示着品类本身的重要性和复杂性。第一台电脑叫做 ENIAC，是"电子数字积分计算机"的缩写。

它们为什么不把这个新设备叫做电脑呢？任何东西有几英里长的电线、18 000 个真空管和数千个电阻和开关都太复杂了，所以不能叫做电脑。此外，ENIAC 重达 30 吨，像它那样的大机器需要一个大名字。

IRIS 科技公司发明了一个产品，起初叫做 VideoTizer。它其实是一个"没有磁带"的录像机，能让用户把录像带内容数字化成普通的 MPEG2 视频文件。

录像带一旦被数字化，用户就能把数码文件"归类"，并"马上"跳到文件中的任何位置。这个特性（和很多其他特性）使得 VideoTizer 成为培训、教育和很多其他方面应用的理想演示设备。

实际上，售价 5 000 美元的 VideoTizer 具备橄榄球联盟球队使用的售价 15 万美元的录像回放设备的很多功能。

但是 VideoTizer 这个名字严重阻碍了品牌的发展。VideoTizer 不仅复杂，而且它过于强调产品是如何工作的（即特性），而不是产品的功能（即好处）。

于是 IRIS 公司决定把这个新品类叫做"比赛分析器"，并且把这个设备推销给高中橄榄球教练。作为一个品牌名，公司选择了 Landro 作为品牌名，这个名字是 IRIS 科技公司 CEO 杰里·萨兰德（Jerry Salandro）的缩写。

Landro 比赛分析器迅速取得成功。很多高中橄榄球教练把球队表现的提高归功于使用了这个高级培训机器。

你需要两个名字，而不是一个

Landro 比赛分析器证明了另一个重点：每个产品都需要两个名字，
而不是一个。一个品牌名和一个品类名。

没有思考清楚品牌名和相关品类名的相对功能，常常会导致没有
必要的混乱。如 PalmPilot，首先，品类名是什么？

有人把 Palm 叫做电子管理器，其他人把 Palm 叫做手持电脑。还
有人把它叫做 PDA（个人数字助理）。

所有这些品类名都太长太复杂了，它们缺乏一个优秀的品类名应
该有的言简意赅。

如果桌上摆的个人电脑叫做台式机，放在膝盖上的个人电脑就叫
做笔记本电脑，那么放在手掌的电脑合理的名字就是掌上电脑。

事实上，很多人都会使用"掌上电脑"一词，就像"你推荐哪个
牌子的掌上电脑？"

当然，Palm 电脑公司抢占了 Palm 作为品牌名，使这个新兴行业很难
找到一个合适的通用名。Palm 电脑公司作为这个新兴行业的领先者，应
该同样关注选择一个合适的通用名，就像它选择一个合适的品牌名那样。

人们先考虑通用名，然后才是品牌名：① "我渴了，我要喝啤
酒。" ② "我要哪个牌子的啤酒呢？"当然这个思维过程只需要几毫
秒，但是很多事实证明，品牌名在人们的思考中都是最后出现的。

如果你要推广一个叫做 Zima 的品牌，思考过程可能是：① "我渴
了，我要喝……" ② "要哪一种？"难怪 Zima 的销售急剧下滑。

库尔斯本应该在品类名上多花点心思。

你无法缩短这个过程

要建立一个热门的品牌，你首先需要创建一个热门的品类。Palm

公司不应该把新品牌叫做 PalmPilot，而应该把新品牌叫做 Pilot 掌上电脑。（这一解决方案忽视了一个事实，Palm 在和 Pilot 钢笔公司的商标纠纷中失去了 Pilot 名字。）

从掌上电脑或 PDA 行业得到的另一个教训就是，在开创新品类时，在新生的品类和原有品类之间制造足够的"距离"是非常重要的。自然界青睐站在两个相反极端的物种。

事实上，第一个成功的掌上电脑是由英国 Psion PLC 公司生产的。Psion 是一个卫星笔记本电脑，配有微型键盘和一套模拟 Wintel 机器的软件。Psion 没有像 PalmPilot 一样挑战极限，结果 Psion 被认为是一个"没长大"的个人电脑，而不是一个独立的品类。

新品类第一，新品牌第二

在打造新品牌的过程中，要先打造新品类这一点常常被忽视。在饮料品类中，当前的时尚是各种麦芽替代品饮料或"麦芽替代品"。现在所有大型的啤酒酿造商都在市场上销售麦芽替代品，如 Smirnoff Ice、Mike's Hard Lemonade、Bacardi Silver、Skyy Blue、Stolichnaya Citrona、Sauza Diablo 和 Captain Morgan Gold。

2003 年，这 7 个品牌在广告上的投入就超过了 3 亿美元。尽管品牌名可能很出名（特别是 Smirnoff Ice 和 Mike's Hard Lemonade），但从长期来看，这个品类能否成功还很值得怀疑。

麦芽替代品是什么？啤酒是麦芽酿造的饮料，所以麦芽替代品必定是啤酒的替代品。但是我们不是已经有了啤酒的替代品吗？葡萄酒就是啤酒的替代品，各种类型的烈酒也是。

有些人把麦芽替代品啤酒称为冰爽啤酒（beer cooler），这是个不好的信号。它让顾客想到 20 世纪 80 年代轰动一时的冰爽葡萄酒在 90 年代很快就冷却了。

我们的预测是：冰爽啤酒将步冰爽葡萄酒的后尘。

轿车的混乱和混淆

从营销的角度来看，美国的汽车业是功能最混乱的行业之一。每个厂商都在生产所有的产品，并用同一个品牌名进行销售。

当你的品牌不代表任何东西时，你就必须通过增加你的营销开支来弥补。美国最大的广告主是汽车行业。

最大的13个广告主中有7个是汽车品牌：福特、雪佛兰、丰田、日产、本田、道奇和克莱斯勒。这7大品牌2003年在广告上的花费一共达到了42亿美元。

你记得这些轿车品牌中的某条广告吗？大多数人都不记得。

当你的品牌不代表任何东西时，你的广告也不代表任何东西。怪不得汽车行业不得不依靠减价来推动销售。

2003年，通用汽车公司平均每辆车的补贴是4 300美元。这样大幅度的折扣不仅侵蚀了利润，也降低了品牌本身的价值。

当每家公司都在生产所有的产品时（这不仅仅是汽车行业的趋势），每家公司的设计、开发、生产、分销和营销成本都会增加。

当每家公司都在生产所有产品时，单个品牌的平均收入就会降低，因为竞争越来越激烈了。

这就解释了为何品牌为数不多的豪华汽车的利润率比平价轿车的高很多，而平价轿车领域中有几十个相似的品牌。

经济学原理表明，如果每个品牌都能聚焦在某个单一的品类，整个汽车行业就会好得多，平均收入会增加（因为竞争降低），而平均成本会减少（因为制造和营销成本降低），甚至顾客也能因市场上混乱的减少而过得更好。

不幸的是，在市场营销中经济学被客户关系管理（CRM）替代。

客户关系管理的第一条原则就是"照顾好你的客户"。

保时捷的 SUV（保时捷卡宴）从吉普手中抢走生意了吗？显然没有，因为卡宴的售价是 6 万美元，比市场上的任何其他 SUV 都贵很多。

保时捷推出卡宴是为了照顾那些想要购买 SUV 的保时捷车主。

卡宴将会成为最终破坏保时捷品牌的第一步。

生命的阶梯

品牌是生命阶梯上的梯级。当你在这个梯子上往上走时，你的品牌记录下你的进步。

- 单身的人们在生活刚起步时，他们购买土星或起亚（Kia）等入门级的轿车。
- 当人们得到晋升（还有很大的加薪）时，他们不想买更贵的土星，而是想要宝马。
- 当一对恋人结婚生子时，他们会买沃尔沃。
- 当事情正常发展到一对夫妇离婚时，妻子会留下孩子和沃尔沃，丈夫会买一辆法拉利。

没有一个汽车品牌可以站在这个生命阶梯的所有梯级上。当你试图代表所有的梯级时，你就什么都不是。

让你的顾客离开你

顾客忠诚度是市场营销中最受高估的方面。在理论上，每个品牌都想拥有忠诚的顾客，但在实践中，顾客忠诚度意味着什么？

在实践中，顾客忠诚度意味着你的顾客愿意购买你的产品或服务，即使他们能在别处以更低的价格（或更高的品质）买到同样的产品或服务。

在长期来看，你的忠诚顾客会成为你的傻瓜顾客。可能要花一些时间，但是当他们发现自己成了傻瓜之后，通常就会出现对抗性的反应。我们曾经是达美航空公司的忠诚顾客，但是出现穿越航空和捷蓝航空后，我们现在意识到在忠诚度和犯傻之间有一条细线，我们已经成功地跨越了这条线。

航空业和汽车业的相似度很高。这两个行业都曾相信它们都必须为所有人提供所有的产品和服务。在联合航空公司和全美航空公司（US Airways）的破产和美国航空公司和达美航空公司的财务问题影响下，航空业已不再相信"为所有人提供所有产品"的故事了。

将来你可能会在航空旅行中看到一个进展，就是品牌开始代表一些含义。西南航空、穿越航空和捷蓝航空在引领低端。某一天，我们将看到类似品牌在高端发展出来。

汽车行业会走上和航空业一样的道路吗？最终会的。但是只有在经历令人震惊的事件之后，比如一项大的破产才能让这个行业走向新的方向。

让你的顾客离开你。和你那些想要新的和不同的东西的顾客打交道，最好的战略就是让他们流向你的竞争对手。那样你就能保持品牌的纯正性，也能确保你的品牌在预期顾客的心智中有所代表。

世界上充斥着毫无价值的品牌

一个不代表任何东西的品牌是毫无价值的。美国汽车公司旗下唯一有所代表的品牌就是吉普。如果美国汽车公司把公司名字改为吉普公司，在吉普经销商处只出售吉普汽车，情况会怎样？吉普公司今天会是一个引人瞩目的品牌吗？

我们认为如此。在一个像运动多功能车这样分化的品类中打造品牌，用你的品牌主导这个品类就能发挥力量，就像吉普那样。特别是当你把所有的才能和资源都投入这个单一品类中去时。吉普本该这么做。

在克莱斯勒公司收购美国汽车公司后，李·艾柯卡（Lee Iacocca）抛弃了所有的品牌，只留下吉普。

克莱斯勒汽车公司如果更名为美国汽车公司，并且只出售吉普、克莱斯勒微型厢式车和道奇卡车，情况会如何？ 3 个品牌、3 个分支、3 个主导性的汽车地位。

今天克莱斯勒公司还会是一家令人瞩目的公司吗？而不是戴姆勒克莱斯勒集团下一个亏损的公司？我们认为是这样。

在营销中最有效的不是品牌扩张，而是扩展市场。克莱斯勒可能会憎恨这个事实，它们的吉普品牌是如此"局限"。吉普，军队中俗称"GP"或者"通用用途"的汽车，无法用在轿车或乘用车上。为此，克莱斯勒把吉普生产的轿车称为鹰（Eagle）。

对吉普品牌而言，狭窄聚焦于运动多功能车市场会是一个巨大的优势。随着 SUV 市场的成长，吉普也随之成长，吉普每年销售 44 万辆车。我们猜吉普是克莱斯勒公司盈利最多的部门。

但愿吉普不是克莱斯勒公司唯一盈利的部门。

麦当劳一团糟

潮流并不会总沿着你的方向走。有时候潮流和你是相反的。例如，麦当劳就一团糟。

麦当劳借住叫做汉堡的分支，变成了一个强大的全球性品牌。很多麦当劳餐厅的标语说"卖出了几十亿个"，你自然就知道这几十亿说的是汉堡。

多年来，麦当劳增加了早餐、鸡肉、鱼、沙拉、冰激凌和一系列其他食物。这些食物既有低价的（1 美元菜单），也有高价的（3.99 美元的高级沙拉）。

这并不奏效。在过去的 10 年中，美国麦当劳单店收入几乎没什么变化。

- 1993 年：1 550 000 美元；
- 1994 年：1 577 000 美元；
- 1995 年：1 538 000 美元；
- 1996 年：1 439 000 美元；
- 1997 年：1 399 400 美元；
- 1998 年：1 458 500 美元；
- 1999 年：1 514 400 美元；
- 2000 年：1 539 200 美元；
- 2001 年：1 548 200 美元；
- 2002 年：1 527 300 美元。

仔细看一下这些数字，如果麦当劳在 1993 年之后跟上通货膨胀，它 2002 年的单店收入应该达到 1 909 290 美元。

无论是好是坏，在大好时期或糟糕时期，麦当劳是一个永远和汉堡这个分支钉在一起的品牌。麦当劳不应该从肯德基、Church's、Popeye's 和 Chick-fil-A 那样的鸡肉连锁店手中抢鸡肉生意，而是应该从温迪、汉堡王、哈迪斯（Hardee's）和 Jack in the Box 手中抢夺汉堡生意。

此外，如果牛肉没有发展前途，那么像莫尔顿（Morton's）、茹丝葵（Ruth's Chris）和 Outback Steak House 等牛排餐厅如何经营得好？如果你经营 Outback Steak House，你会投放鸡肉、鱼和高级沙拉的广告吗？我们不这么认为。

潮起潮落

几乎任何你能说出名字的品类都会有自然起落。今天，共和党掌权，明天共和党就下台了。今天流行短裙，明天就流行长裙。今天流行 SUV，明天 SUV 就落伍了。每次政党竞选失败后就改变党派的政治人物是没有前途的。

那些试图追随顾客每天变化的品牌也是没有前途的。耐心才有回报。更好的战略是做好准备，等待潮流再次流向你的方向。

再来看看麦当劳。有一种认知，在美国鸡肉的消费在增加，而牛肉的消费急剧下滑，但事实并非如此。虽然 20 世纪 90 年代禽类消费增加了 20%，牛肉的消费基本没变，1990 年人均消费为 96.6 磅，2000 年人均消费为 97.3 磅。但在相同的 10 年里，美国人口增加了 13%。

所以牛肉整体市场在这 10 年中实际是增加了 13%。为何要让时光倒流，让麦当劳变成咖啡店，而不是一个汉堡餐厅？这毫无意义。

事实是，汉堡消亡的那天也将是麦当劳走到尽头的一天。我们认为，一个品牌无法在品类消亡后继续生存下去。当然，品牌可能已经进行了产品线延伸，进入了其他的品类，但通常能真正拯救品牌的是它们在核心品类中的主导地位。

一些品类会消亡

并不是说品类永远不会消亡，某些品类会消亡，如香烟。万宝路品牌能通过转移到咀嚼口香糖品类而生存下来吗？我们不这么认为。

宝丽来怎么样呢？毫无疑问，即时成像在今后几年会灭绝。宝丽来品牌能通过转入电脑品类而生存下来吗？我们不这么认为。

品牌越强大，在顾客心智中移动就越难。这里有个悖论。如果你有一个弱势的品牌，你可以轻易地将你的品牌转移到其他品类中。但这么做并不值得，因为品牌本身就是弱势的。

Uniden 是个弱势的电话品牌。原因之一就是 Uniden 生产所有类型的通信设备，包括手机、无绳家用电话、家庭网络设备、扫描仪、雷达探测仪、民用波段无线电和航海电子设备。Uniden 还生产商用产品，包括电话（IP 电话、无绳电话和多路电话）和网络设备（无线、有线、路由器和交换机）。

Suave 是一个弱势的卫生用品品牌，因为 Suave 这个名字被用在一系列宽泛的产品上，包括护发产品、沐浴产品、护肤品和止汗产品。

市场上有很多像 Uniden 和 Suave 这样的品牌，它们没有代表具体的任何东西，所以它们可以被用在任何产品或服务上。只要售价够便宜，就能卖得出去。

从文字的传统意义上来看，"价格"品牌和"价值"品牌并不是品牌，它只是个产品名称，听起来音乐熟悉，但又没有特别的指代性。

然而，一个强大的品牌因为其与品类有着强大的关联而很难移动：施乐复印机、舒洁纸巾和添加利（Tanqueray）杜松子酒。所以当这些品牌进行延伸成为施乐电脑、舒洁卫生纸和添加利伏特加时，它们就特别失败。

一些品类，就像一些物种一样，注定会灭绝，尽管令人惊讶的是很少有品类彻底灭绝。甚至打字机还存在，虽然它的日子已经屈指可数了。

当一个品类或一个物种渐渐衰败走上消亡之路时，公司对此也无能为力，如恐龙。它们吃健康的食物并经常运动，但后来还是会灭绝。条件在改变，你无法与进化对抗。

拯救品牌还是拯救公司

如果你的品牌也像恐龙一样违背自然进化规律，你能做什么？有两个选择，一个是设法拯救品牌，另一个是设法拯救公司。

大多数公司选择拯救品牌。宝丽来陷入困境是因为即时成像陷入了困境。于是宝丽来想到它唯一的希望就是把自己的品牌应用在一系列其他产品上，包括传统胶片。

这并不是一个好主意。宝丽来意味着即时成像，而不是传统胶片。结果是公司破产了。

柯达也在执行类似的拯救品牌战略。它在研发上投入大量资金，用柯达品牌进入了数码照相业务。至 2004 年，柯达在数码照相中的地位和它在胶片照相中的主导地位相去甚远。

2004 年，柯达在美国数码照相机市场上的销量排名第三，占 12% 的市场份额，落后于索尼和奥林巴斯。

品牌只是达到目的的工具

目的就是创造顾客的青睐。事实上，顾客喜欢索尼数码相机胜过柯达数码相机，因为索尼品牌意味着"电子"，而柯达品牌意味着"胶片照相"。

柯达本应选择第二个方法：拯救公司。柯达应该做的是用一个新品牌推出一系列的数码相机。这里有两个好处。

数码相机第二品牌名能让柯达公司把柯达这个名字聚焦在照相上。胶片照相可能是一个濒临死亡的艺术，但是顾客要抛弃他们已经拥有的数百万个相机需要很多年。同时，柯达可以继续以柯达这个品牌名出售价值数十亿美元的胶片和相纸。

第二个好处就是创造了一个只代表数码相机的新品牌名。当品类分化时（就像数码照相从模拟照相分化出去一样），创造一个全新的品牌名的条件就成熟了。

如果公司能把重组的资源和独特的第二品牌名结合在一起，成功就几乎得到了保证。

新品牌几乎总是打败旧品牌

如果这个品类足够重要，那么最终赢家总是专为该品类创建的新品牌，而不是通过延伸来配合新品类的旧品牌。

个人电脑成为一个重要的品类。所以赢家并不是通过延伸来涵盖这个品类的旧品牌（IBM、数码设备、王安和很多其他品牌），而是专为这个品类打造的新品牌（戴尔）。

传统手机成为一个重要的品类，所以赢家并不是通过延伸来涵盖这个品类的旧品牌（摩托罗拉、爱立信、索尼和很多其他品牌），而是专为这个品类打造的新品牌（诺基亚）。

在很多重要的品类中，主导品牌都不是新品牌，而是通过延伸来涵盖这个品类的旧品牌，这是事实，如淡啤和健怡可乐。仔细看看这些品类，通常可以发现没有专门为这些品类而推出的新品牌。即使有，它们也没有得到充分的资源。

以淡啤为例，百威淡啤、库尔斯淡啤、米勒淡啤、米可劳（Michelob）淡啤、舒立兹（Schlitz）淡啤、科罗娜淡啤，这个品类充斥着延伸品牌，而不是新品牌。难怪领先品牌（百威淡啤）不是一个新品牌。

还有一个奇怪的事实：在没有新品牌的品类中，成为第一并没有特别的优势。三大领先品牌的淡啤（百威淡啤、库尔斯淡啤和米勒淡啤）销量与它们推出的时间是相反的。米勒淡啤最早推出，库尔斯在其后，而百威淡啤是最后一个推出的。

类似的事情还发生在口气清新含片行业。该品类的第一个品牌是李施德林PocketPaks口腔护理片。该产品包含24条小"薄片"，包装在小盒内，能融化在舌头上，释放出强劲的薄荷味，可以清新口气。

口气清新含片非常流行，现在每年的销售额超过2.5亿美元。李施德林还是领先者，但很可能会被箭牌公司推出的Eclipse瞬间除口气含片取代。

- 李施德林是漱口水品牌。
- PocketPaks 听起来像个袋装纸巾的品牌。
- 口腔护理是牙医和营销人员使用的品类名，顾客不会这样用。

Eclipse 也不是一个完美的名字，但是比李施德林好。（箭牌在清新口气的口香糖上也使用这个名字。）另一方面，"瞬间除口气含片"是一个简单易记的品类名。

我们的预测是：Eclipse 将很快使 PocketPaks 黯然失色。

赢得产品线延伸之战

在一个只有延伸品牌的品类里，与成功相关联的是什么？在啤酒品类，那个关联就是领先地位。百威是常规啤酒的领先品牌，百威淡啤是淡啤的领先品牌。

当然，这一切意味着顾客认为淡啤和常规啤酒只是口味上不同。淡啤是常规啤酒加了水，这两个分支（淡啤和常规啤酒）之间没有什么区别。

如果你是安海斯 – 布希公司，拥有强大的百威品牌就没什么问题。但是这场竞争中的次竞争者舒立兹要使用相同的战略？对百威淡啤来说合理的，对舒立兹就一点也不合理。

对次竞争对手来说最有利的是，应该推出新品牌来鼓励新品类的分化。换言之，你要让新的啤酒品类尽可能大的与常规啤酒（以及主导品牌百威）区隔开。

但是顾客会将淡啤作为独立品类，独立于常规啤酒品类吗？

赢得新品类之战

要有信心。有了合适的名字和一些有形的区隔，迫使分化总是有可能的。顾客把依云和 Aquafina 归为一个品类吗？或者把 Aquafina 和自来水归为同一个品类吗？

化学家很容易说出淡啤和常规啤酒之间的区别，但是可能很难说出依云和自来水之间的区别。

你需要制造的区隔并非在玻璃瓶里，而是在顾客的心智中。天然淡啤（Natural Light）这个崛起的品牌说明了本应该怎么做。天然淡啤的促销很少，品牌名也是个虚弱的通用名，它成了美国销量第四的淡啤。

假设这个品牌有一个更好的名字和更大的营销预算，它的成就会有多大？

简短的品牌名，特别是公开购买或消费的产品，通常比长品牌名更好。所以简短的昵称也能成为一个大优势。点啤酒时，百威就比米勒有优势，点可乐时，可口就比百事有优势。

新名字 vs. 延伸名

新名字（而不是延伸的品牌名）的一个优势是新品牌无一不是简短的。一个延伸品牌除了品牌名还必须带上品类名。百威淡啤、健怡可乐、添加利伏特加。

Tab 不需要自称为健怡 Tab，因为 Tab 不是延伸品牌。Tab 就是一个低糖的可乐品牌。可口可乐公司推出健怡可乐时，Tab 的销量比轻怡百事可乐（Diet Pepsi-Cola）多出 32%，这一事实证明了定义品类的名字所具有的力量。

在一个已经有了领先品牌（Tab）的品类中推出一个延伸品牌（健怡可乐）的真正原因是什么？

即使这个问题有一个合理的答案，我们也不知道它是什么。可能可口可乐对全新品牌（Tab）从长远看销量会超过强大的延伸品牌（如轻怡百事可乐）缺乏信心。

　　然而历史证明，定义品类的新品牌销量几乎总是超过那些通过延伸来涵盖新品类的旧品牌。（要有信心，可口可乐。）

赌未来

　　和电影《终结者》中的坏人不同，公司没有那么奢侈的机遇可以回到过去推出品牌。公司必须赌未来，也因为如此，它们才显得保守。

　　如果新品类没有发展成大市场怎么办？如果增加了创建品牌名的费用，我们就是在浪费资源，所以还是用现成的品牌名吧。

　　如果品类一直很小，"确保安全"就是一个很好的哲学。但是如果新品类像手机、个人电脑、淡啤和健怡可乐那样迅速发展并获得了巨大的成功，该怎么办？

　　"确保成功"是更好的哲学。假设新品类将获得巨大的成功。这个假设青睐使用新的品牌名，而不是延伸品牌名。随后如果品类成长了，你就做了正确的事情。

机会在哪里

　　机会不在品牌中，而在品类中。在美国商标和专利局注册的商标就超过250万个。其中大多数品牌没有价值或价值很小。但是其中一些品牌价值数十亿美元。是什么造就了品牌的价值？

- 星巴克是一个价值数十亿美元的品牌，因为它代表"高端咖啡连锁"品类。
- 劳力士是一个价值数十亿美元的品牌，因为它代表"豪华瑞士手表"品类。
- 红牛是一个价值数十亿美元的品牌，因为它代表"能量饮料"

　　品类。

■ 汰渍是一个价值数十亿美元的品牌，因为它代表"洗衣粉"品类。

■ 好事多是一个价值数十亿美元的品牌，因为它代表"仓储俱乐部"品类。

■ 家得宝是一个价值数十亿美元的品牌，因为它代表"家居装修仓储店"品类。

　　品牌有多强大取决于品类有多强大。如果没人想买昂贵的瑞士手表，那么劳力士品牌就没什么价值。如果高端咖啡消费直线下滑，那么星巴克品牌就会失去很大的价值。

　　公司应该考虑创建品类，而不是品牌。如果你能构想出新品类，然后用一个独特的新名字去抢占这个品类，你就有了强大的组合。

品类在哪里

　　在街上还是大卖场里？在药店、百货商店，还是超级市场？

　　都不是。品类存在于顾客的心智中。创建品类的方法和创建品牌的方法是一样的。你要把品类名定位在预期顾客的心智中。

　　但是，要注意市场调研。如果你想知道顾客心智中有哪些品类，你不必非要依靠市场调研。

　　顾客很少使用品类名来描述他们的感觉。当你问顾客他们喜欢哪一类轿车时，他们很少会说"欧洲豪华轿车"。他们会说"奔驰或宝马"。他们可能按品类思考，但用品牌来表达。

　　当你问某人喜欢哪一类啤酒时，很少人会说"欧洲高档啤酒"。他们会说喜力或贝克。他们可能思考的是品类，但是谈论的是品牌。

　　所以营销人员自然也遵循相同的模式。他们会忘记品类，直接推销品牌。大错特错。除非你是新品类的第一，否则你不可能抓住预期顾客的注意力。

预期顾客通过与旧品牌的联系来看到新品牌。当可口可乐推出能量饮料 KMX 时，预期顾客会想："红牛是其他人都觉得很棒的品牌，我为什么要喝 KMX 呢？"

当你推出代表新品类的品牌时，你就排除了比较因素。现在新品牌有机会进入预期顾客的心智，因为还没有其他品牌占据这个品类。

心智中的格子

心智就像是邮局中的归类箱，邮件递送人路径上的每个名字都有一个格子。每封邮件都根据信上的名字被放入相应的格子里。如果没有适合新邮件的格子，那么它就被归到无法送达的一堆邮件中。

品牌也是如此。顾客心智中每个品类都有一个格子。如果格子的名字是"安全轿车"，那么这个格子就属于沃尔沃品牌。

但是邮局和心智之间有一个大差别。邮局可以递送几乎任何东西，心智则不同。如果品牌在顾客的心智中牢牢地确立了格子，那么第二品牌就没有机会，除非它采用定律 12"第二者生存"中提到的战略成为对立面。

说一个标明"安全轿车"的格子中的第二品牌。说一个标明"终极座驾"格子中的第二品牌。都很难做到。

所以新品牌应该避免尝试进入别人的格子。新品牌要创建它们自己的格子或品类。

把品牌锁在格子里

有品类（心智中的格子），也有品牌（心智中格子里的品牌）。品牌名和品类锁定在一起时，这两者就产生了关联。奔驰和称为进口豪华轿车的品类锁定在一起。

两者都需要。你不能仅仅是一个品牌。你不能仅仅是劳力士。你要把劳力士和心智中叫做豪华瑞士手表的品类锁定在一起。

至此，一切都不错。大多数营销人会同意，品牌必须和某种品类锁定在一起，虽然公司设法使用的实际品类有时不可能进入任何人的心智。

然而，经常发生的情况是公司试图缩减这个过程。它们试图让品类名和品牌名实际上成为一个。我们想成为第一个天然食品品牌，所以我们把品牌叫做天然之选（Nature's Choice）。

这可不是好想法。

两个名字，两个不同的目的

品类名和品牌名服务于两个不同的目的。品类名是个通用词（通常是小写字母拼写的），包含了品类侦破那个所有的品牌。品牌名是个专有词（通常是大写字母拼写的），突出你的个体品牌。一个名字如何能服务于两个目的呢？

当你听到"天然之选"这个词时，你听到的"天然"是大写还是小写？"天然"或"天然的"是个通用词，它通常是小写的。

比如说西雅图最佳咖啡（Seattle's Best Coffee）。问一个普通人"西雅图最佳咖啡是什么"，他都会回答"星巴克"。这个人听到的"最佳咖啡"是小写字母拼成的（seattle's best coffee）。

比如说影碟店（Video Warehouse）。问一个普通人"最近的影碟店在哪里"，他会把你引向百视达。

这些并不是细小的差别。顾客的心智把品类作为通用词对待，而把品牌名作为专有词对待。你应该让品牌（大写）占据品类（小写）。在开发营销战略时，你两者都需要，要思考两个名字。

机会被不断创造

在几乎所有你能看到的方向，进化和分化都在创造机会。半导体为电脑硬件和软件创造了机会，而后两者为互联网创造了机会。正因为如此，先考虑品类再考虑品牌就显得尤为重要。

并不是美国在线、雅虎、亚马逊、价格在线和 eBay 创造了互联网，而是互联网为公司创建像美国在线、雅虎、亚马逊、价格在线和 eBay 那样的品牌提供了机会。

创造价值数十亿美元的全球强大的品牌也不取决于复杂、高科技的成熟产品或系统。简单的类比最直观。

- 书店：巴诺（Barnes & Noble）；

  网上书店：亚马逊。

- 拍卖：Sotheby's；

  网上拍卖：eBay。

- 客户关系管理软件：Siebel；

  网上客户关系管理软件：Salesforce。

专家战略

很多品牌是复杂发明的成果，但是品牌不必这样打造，也不必总是成为第一。有时候，你要做的就是在一个品类的通才中间成为专才。耐克、阿迪达斯和锐步都是运动鞋中的通才，但是很多小品牌通过专业化占据了一小块市场。如盖世威（K-Swiss）网球鞋、范斯（Vans）滑板鞋、Sidi 自行车鞋。

品类存在于心智中，而不仅仅在市场上。盖世威将很多网球鞋出售给不打网球的人。哈雷－戴维森将很多摩托车夹克出售给不开摩托车的人。局限于字面意思是卓越营销思维的最大障碍之一。

乐斯菲斯（North Face）现在属于 VF 公司，它是个很成功的服装品牌，年销售额达到 2.5 亿美元。但是有多少人爱好登山？不多。此外，有多少人登上过珠穆朗玛峰的背面？很少，肯定不足以支撑这个品牌。

冲浪者比爬山者多得多，但是还是不足以支撑 Quicksilver 那样的冲浪者品牌，这个服装公司 2003 年的销售额达到 7.05 亿美元。划船者比冲浪者更多，但是也不足以支撑诺蒂卡（Nautica）品牌，它最近被 VF 公司以 5.86 亿美元收购。

少即是多。全球最大的健身连锁并不服务男女两性。Curves 是一个只为女性提供服务的健身连锁。（《创业家》杂志把 Curves 评为仅次于赛百味的全球第二大最佳特许连锁。）

清晰打败聪明

Dr Pepper/ 七喜（7 UP）的员工把七喜的瓶子倒过来，推出了 dn L 品牌。（把书倒过来，就能看懂这个玩笑了。）随后他们把这个品牌的所有东西都倒了过来。

- 七喜是清澈的，dn L 是绿色的。
- 七喜不含咖啡因，dn L 含咖啡因。
- 七喜是青柠味的，dn L 是混合水果味的。

Dr Pepper/ 七喜需要倒过来的不是瓶子，而是七喜的销量曲线。七喜品牌连续 5 年每年都在丢失市场份额。七喜必须找出如何成为市场领先者雪碧的对立面。

dn L 适合放在心智中的哪个格子里？

喝啤酒的人把安海斯世界之选（Anheuser World Select）啤酒放在心智中的哪个格子里？此外，你想要点这种啤酒时，你会怎么说？"我要一瓶安海斯世界之选。"

这么说要容易得多："给我一瓶百威。"

随着品牌成长增加属性

品牌一旦在品类中建立起来，就会随着时间流逝增加额外的属性。宝马把自己定位为"终极座驾"，随后获得了城市年轻专业人士（雅皮士）轿车这一额外的属性。

星巴克可能被认为是公司人群的时尚场所，但是这个品牌的核心概念是高端咖啡。把它的高端咖啡领先地位拿掉，星巴克就成了一个跟风品牌。

柯达的某位主管曾经说柯达品牌代表的不是照相胶片，而是信任。人们可能相信柯达生产好的照相胶片，但不是其他东西。把柯达的胶片领先地位拿掉，它就是又一个跟风品牌。

即使是最复杂的情况，也能用简单的原理才处理。在高尔夫比赛中，保持低头，左手臂放直。

在商业比赛中，先思考品类，再思考品牌。

THE ORIGIN OF BRANDS

定律 15

确立一个敌人
Establishing an Enemy

宽敞而舒适

驾驶感

男性的

女性的

老一代人

年青一代

　　每个品牌都需要一个对手。宝马、劳氏和百事可乐确定了它们的对手，然后再成为对手的对立面。

确立一个敌人几乎和开创一个新品类同样重要。任何品类除非有一个敌人，否则就无法成功。任何新品牌除非有一个敌人，否则也无法成功。

世界上到处都是没什么成就的发明，因为它们没有敌人。它们仅仅是有趣的概念，却在顾客的心智中找不到位置。

解决问题是不够的

大多数人不是从问题的角度思考，而是从品类的角度思考。"我需要一份更好的工作、一座更好的房子、一辆更好的车、一份更高的薪水。"

问一个普通人，让他说出印象最深的问题的是什么。他会想很长时间，然后回答："啊……我的配偶？"

汽车解决了什么问题？人们对马挺满意的。（即使是今天，有些人仍然想回到过去，远离汽车造成的噪声、花费、交通拥挤和所有其他问题。）

分化的关键点是识别敌人的身份。要建立一个新品类，识别敌方品类的名字会有所帮助，然后设法迫使新品类尽可能从既有品类分化出去。

第一辆汽车被定位成"不用马拉的马车"。这是辆开放式的车，看起来像马车，开起来也像马车。换言之，汽车的敌人就是马。

进化迅速改变了汽车的外观，而你在纽约中央公园看到的马拉马车还是老样子。

注意，实际上不存在混合动力马车。没有一辆马车配有备用发动机，以备马累的时候使用。今天的混合动力汽车（我们预测最终会成为过渡产品）使用电池，以备汽车发动机会疲劳。

创建新品类是不够的

你通过在顾客心智中建立一个新品类，并确保你的品牌是第一个占据新品类的品牌来打造品牌，但是这还不足以确保营销的成功。

这个战略忽视了重要的一点。顾客为什么要把新品类放入他的心智中？事实上，普通人心智中的垃圾足以持续好几辈子了。

如果有机会的话，大多数人宁可清空心智中早已存在的垃圾。他们不需要也不想记住堵在心智中的数百个品类和数千个品牌。

你要问问自己，顾客为什么要花时间把你的新品类放在他的心智中？

把新品类放入心智的最好方法就是用新品类去攻击旧品类。这就像是服饰和时尚。把新的时尚品牌放入顾客心智的最好的方法就是让旧的时尚品牌过时。

新品类需要敌人

如果你研究历史，很容易看清这个战略是如何发挥作用的。威士忌曾经是美国销量最大的蒸馏酒。随后一个叫做杜松子酒的新品类出现了。杜松子酒是如何成为一个大品类的呢？杜松子酒把威士忌当成了敌人。威士忌过时了，现在杜松子酒是最"流行"的饮料。

每个新品类都是通过把自己针对既有品类定位而进入顾客心智的。将既有品类作为它的敌人。

比如说健怡可乐品类。健怡可乐的敌人就是常规可乐，但是这把领先品牌（健怡可口可乐）放在了尴尬的位置上。健怡可口可乐应该通过投放这样的广告来攻击常规可乐："什么？才150卡路里？"

换句话说，健怡可口可乐应该把常规可乐和香烟或不系安全带驾车放在同一个品类里。这些产品都对你不好。

如果可口可乐是你品牌名的一部分，那么从心理上就很难做到。这也是可口可乐公司应该为其健怡产品使用 Tab 或其他名字的另一个原因。

数字表明，可口可乐公司和百事公司当前的做法都不够成功。尽管肥胖是美国健康的头号问题，常规可乐和健怡可乐的销售比例超过二比一。这真是没面子。

健怡可口可乐有两个缺点。前半个名字"健怡"给这个品牌造成的印象是"味道不是很好"，后半个名字"可口"使得可口可乐公司无法使用最有力的营销工具，攻击可乐品类。

在高科技领域，一个新产品或系统如果没有"杀手级应用"，就会被认为毫无价值。如互联网，在杀手级应用出现前只是个高科技的新鲜玩意。这个应用就是电子邮件。

电子邮件的敌人很容易界定，那就是常规邮件和传真，特别是传真。传真让电报出局，而现在的电子邮件让传真出局。

品类竞争

达尔文对争取生存的无尽斗争和适者生存的描述是对品牌战争中所发生情况的很好的比喻。但不是"狗吃狗"，而是"狗吃猫"。每个品类、每个分支都在挣扎着试图统治邻近的分支。

当美国家用产品公司（American Home Products，现在是惠氏制药有限公司）在 1984 年推出雅维（Advil）时，它的敌人是谁？泰诺和阿司匹林。

于是雅维的广告展示了所有 3 种止痛药，然后表明各自推出的时间：阿司匹林，1899 年；泰诺，1955 年；雅维，1984 年。然后强调了一个概念，雅维是最新的（可能也是最好的）止痛药。雅维广告的主题是："治疗疼痛的先进药物。"

当 McNeil 营养品公司推出不含卡路里的善品糖（Splenda）甜味

剂时，它的敌人是谁？

敌人显然就是 NutraSweet，第一种使用后不会导致不舒服的人工甜味剂。在"天然"食品变得越来越重要的时代，攻击 NutraSweet 的角度显然就是它的人工成分。

于是善品糖定位成"由糖制成，所以味道也像糖"。

善品糖在零售市场的份额是两个竞争对手 Equal（阿斯巴甜味剂）和 Sweet'N Low（赛卡林甜味剂）的市场份额之和。

竞争对品类和品牌都是有利的，然而公司总是不那么重视竞争，而是喜欢合作。在多品牌公司，他们总是试图制造一群朋友，而不是一群敌人。

所以他们总是在这一群朋友中使用公司品牌或大品牌。可口可乐、吉列、卡夫（Kraft）、汉斯、家乐氏（Kellogg's）、通用磨坊（General Mills）和很多其他公司都采用大品牌战略。

糟糕的战略。应该让你的品牌或者品牌代表的品类与竞争品牌或竞争品类竞争，同时还要在内部彼此竞争。

信用卡 vs. 借记卡

竞争战略出错和品牌名称出错的最新受害者就是美国维萨卡公司（Visa USA）和万事达国际信用卡公司（MasterCard International）。至 2004 年，这已经导致以上两家信用卡公司损失了 30 亿美元，今后还可能会遭受更多损失。

信用卡（每月支付费用或分期付款）和借记卡（直接从银行账户上扣除）是两个品类。很难找到比这两者竞争更激烈的品类了。信用卡是借记卡的死敌，反之亦然。

那么维萨卡和万事达卡做了什么呢？它们在两种卡上用相同的名字：维萨信用卡和维萨借记卡、万事达信用卡和万事达借记卡。

使问题更复杂的是，两家发卡公司都迫使它们的零售商"尊重所有卡"。换言之，如果零售商接受维萨信用卡，那么它就必须接受维萨借记卡。

起初，顾客使用的 Star、Pulse 或者 NYCE 的其中一个借记卡网络是以个人密码或 PIN 码认证系统为基础的，随后维萨卡和万事达卡这两家公司把借记卡支付管理放在与信用卡支付管理相同的签名认证系统之下，结果零售商需要支付的手续费提高了 5 ~ 10 倍。

在历史上最大的反垄断运动中，维萨和万事达两家公司分别同意向以沃尔玛为首的零售商组织支付 20 亿和 10 亿美元。这个零售商组织提出的观点是："尊重所有的卡"是非法的捆绑销售。

信用卡巨头们为什么不推出借记卡品牌？维萨公司的一位执行官说，这是一个鸡和蛋的问题。维萨本应从一开始就推出一个全新的品牌，一个任何银行或者商业机构都没有操作过的品牌，也没有商家尊重它。"但是我们为什么要这么做？"

我们可以想出 30 亿条理由。但是比短期财务亏损更严重的是，它们的"尊重所有卡"战略的长远含义。维萨卡把借记卡和信用卡系统融合在一起，它就陷入了借记卡收费流程速度慢、安全性低和费用更高的做法中。

其实万事达卡公司曾经尝试过第二品牌战略，推出了一个叫做万事顺（Maestro）的密码输入产品。但是万事顺输给了维萨签名借记卡，于是万事达卡公司也推出了签名借记卡。

真是糟糕。如果万事达公司对它的战略多一点点信心，到 2004 年它拥有的价值会再高上几十亿美元，并且在以 PIN 码为基础的借记卡领域中遥遥领先于维萨。

和很多营销问题一样，借记卡的情况很复杂。你如何设计一个产品使得与此有关的顾客、零售商、银行和银行卡网络自身这些所有的方方面面都受益？这并非易事。

这里要谈到概念性思考的力量。你可能不知道分化会在何时、何地以及如何发生，但是你可以确信的是分化一定会发生。信用卡和借记卡是两个不同的产品，它们最终会分化，所有公司对此都无能为力。试图用同一个品牌名把两个产品锁定在一起是徒劳的。

股票经纪公司 vs. 投资银行

证券业当前的混乱也说明分化在发生作用。最近，10 家华尔街公司支付了 14 亿美元来解决政府起诉它们例行公事地发布了过度乐观的股票研究报告，以取悦它们的客户，并以此赢取它们的投资银行业务。

这对普通投资人来说并不算秘密。（"我很震惊，知道这里的赌博还在继续后很震惊！"）

花旗集团的主管桑迪·韦尔（Sandy Weill）现在被要求让律师表态他是否愿意和公司的股票分析师就他们所分析的公司进行协商。

花旗集团和另外 9 家涉案的公司面临两个几乎不可能解决的任务：

■ 使它的投资银行客户发行的股票价格最大化。

■ 使它的零售客户购买股票的成本最小化。

一家公司显然无法做两件事情，这是利益冲突。符合逻辑的建议是，把投资银行业务从经纪业务中分拆出去，但是这种情况永远不会发生，只要强大的竞争者还能从利益冲突中获利。

要管理一个朝着多个方向发展的超级大公司是不可能的。有一块手表的人总是知道现在的时间，但是有两块表的人就难以确定时间了。

确保你的公司朝正确的方向发展的最好方法就是先确立敌人，然后把你的目光投向你的敌人，并确保你的每个行动都会削弱敌人的地位。

THE ORIGIN OF BRANDS

定律 16

推出品牌
Launching the Brand

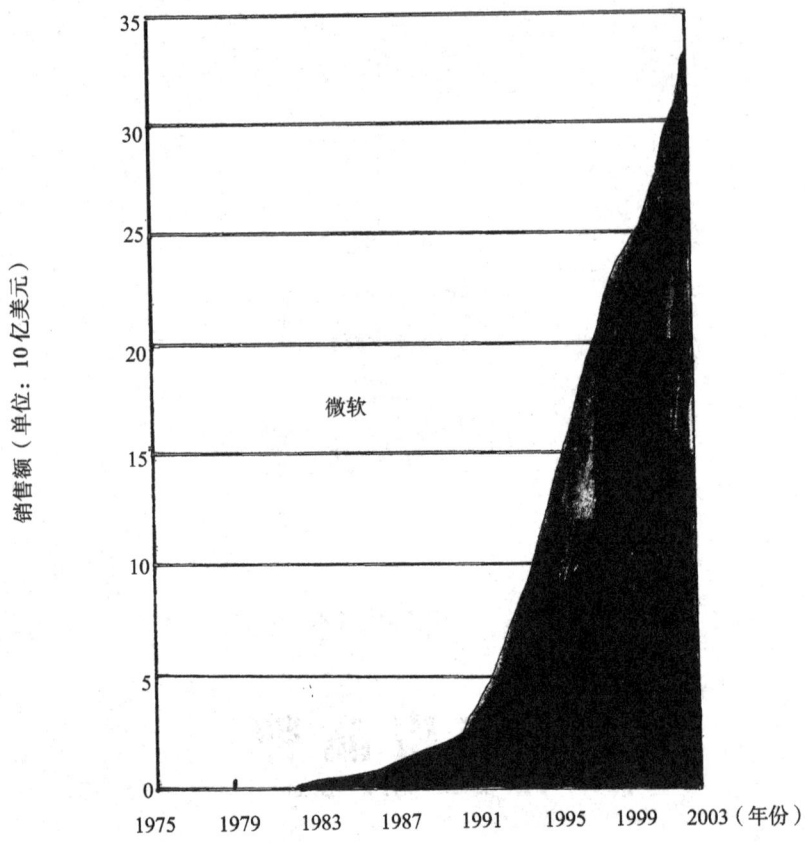

销售额（单位：10亿美元）

微软

35
30
25
20
15
10
5
0

1975   1979   1983   1987   1991   1995   1999   2003（年份）

　　和大多数成功企业一样，微软的起步非常慢。它花了 10 年时间才做到销售额突破 1 亿美元。

高大的橡树是由小小的橡子长成的。

最大、最有实力的世界级品牌都是从很小的概念起步的。如果你试图用大量资源强行发展你的新品牌或新公司，包括巨大的广告预算，你就不可能成功。

时间和耐心是你的盟友

给植物浇灌太多的水和肥料，植物就会死亡。品牌同样如此。

最强大、持续时间最长的品牌都是从既有品类分化创建的，但是分化是一个缓慢的过程。电视机是 1924 年发明的，直到第二次世界大战之后才成为大众商品。20 世纪 30 年代推出电视机品牌的公司就有可能破产。

可能没有哪个革命性产品像个人电脑那样发展迅速。第一台个人电脑于 1975 年推出，同年比尔·盖茨从哈佛大学退学，去了新墨西哥州的阿尔伯克基为 Altair 电脑编写了一个基本软件程序。

盖茨创办的微软公司在 2004 年是全球第二大最具价值的公司，其股市价值为 3 040 亿美元。

事情并不总是一帆风顺的。1976 年 2 月 3 日，比尔·盖茨给 Altair 的用户们写了一封公开信，抱怨软件盗版问题。在发表于《Homebrew 计算机俱乐部》（*Homebrew Computer Club*）简报上的信中，盖茨写道："出售给兴趣爱好者的软件带来的顾客忠诚度使得我们花在 Altair BASIC 软件上的劳动时间变得非常廉价，一个小时还不到两美元。"

大部分人在发现自己的辛勤劳作只值每小时两美元的时候，通常会选择其他的工作，但是比尔·盖茨没有，他对于软件前景的信心让他得到了巨大回报。

分支需要时间。即使是一个被人们公认的新品类也需要时间。比尔·盖茨早期碰到的问题之一就是人们认为软件没有价值，所以机主就从朋友那里复制自己电脑所需要的软件。（真正购买微软软件的 Altair 用户还不到总数的 10%。）

你如何推出品牌？有两个理论。

A 理论 vs. B 理论

A 理论（代表"飞机"airplane）指飞机式推出。你的新品牌在跑道上缓慢滑行数千英尺后，在巨大推力下飞离跑道。品牌在空中飞行了一段时间后，它就开始加速进入巡航高度。

B 理论（代表"大爆炸"big bang）指火箭飞船式推出。你的新品牌像火箭一样发射，然后进入轨道。

广告业倾向于火箭飞船式推出，因为传统上广告策划是以大爆炸方式推出的。这是脱离噪声水平并获得足够关注的唯一方法。

公关没有其他选择，它必须采用飞机式起飞。公关计划无一不是在一段长时间内展开的。这是公关处理媒体需要的唯一方式，因为媒体的焦点在于抢先报道和独家报道。

真实世界是怎样的

新品牌会像火箭飞船那样起飞吗？还是像飞机那样起飞？

来看饮料行业内的一个典型的新品牌。这个品牌花了 4 年时间才使年销售额突破 1 000 万美元，又花了 5 年时间才达到 1 亿美元。

这个品牌就是红牛，主要是由公关建立起来，像飞机那样慢慢起飞，而不是像火箭那样发射。

再来看一个软件品牌，它从跑道上起飞花的时间比红牛还多，它用了 10 年时间才使年销售额超过 1 亿美元。

这个品牌就是微软，也像飞机那样起飞，而不是像火箭那样发射。

再举个例子。一个零售品牌花了 14 年时间，年销售额才达到 1 亿美元。如今，这个品牌的年销售额已经达到 1 980 亿美元，并且成为全球最大的零售商。这个品牌当然就是沃尔玛，它也像飞机那样起飞，而不是像火箭那样发射。

当新产品早期的销量由缓慢增长变成向大众市场突然加速时，转折点就出现了。根据最近的一项研究报告，在美国这样的转折点平均是 6 年时间。

最大、最强有力、能经受时间考验的品牌是那些像飞机一样缓慢起飞的品牌。那些像火箭一样发射的品牌通常会成为一时的时尚。今天在，明天就消失了。呼啦圈、Bartles & Jaymes 冰镇葡萄酒、水晶百事可乐（Crystal Pepsi）和很多其他品牌。

起初顾客喜欢水晶百事可乐。据 AcuPOLL 的一份针对全国 16 000 个杂货店新品做的独立调查显示，顾客投票赞成水晶百事可乐是 "1992 年最佳杂货店新产品"。水晶百事可乐也被《时代周刊》赞赏为 1992 年的最佳新产品之一。《华盛顿邮报》也把它列为 1993 年最 "时尚" 的产品之一。

在全国推广 3 个月后，水晶百事可乐的市场份额为 2.4%。

一年后，这个产品就消失了。

自然界是怎样的

自然界提供了很多例子证明缓慢生长有优势。小型狗的寿命比大型狗长，生长缓慢的硬木类比生长快速的软木类寿命长。

现存最古老的树不是那些大型美洲杉，而是只有 55 英尺高的刺果松。这种树的树龄估计有 4 767 年，这就意味着这种独特的刺果松每年只长高 1 英寸的 1/1 400。（你的指甲比它长得快得多，每年大概能长 1.5 英寸。）

如果混凝土缓慢凝固，而不是快速凝固，它就会更坚硬。在炎热季节，施工队会给刚铺设的道路喷水以降低混凝土的温度，减缓它凝固的速度。

快速成长会削弱，而不是加强自身，对植物和动物是这样，对品牌也是一样。

罗伯特·沃德洛（Robert Wadlow）是最高的人，身高 8 英尺 11 英寸。不幸的是，他寿命不长，22 岁就去世了。

专家现在相信，儿童自闭症是由大脑快速生长导致的。一项针对 48 位患有自闭症的学前儿童的研究发现，这些儿童出生时头围比平均值小，但在婴儿期却会迅速长大。平均来说，他们在一年内会从平均值 25% 增长到 84%。

什么是癌症？就是快速和非正常的细胞生长。

但这不是说不希望你的品牌尽可能快地成长。就像在自然界一样，机会青睐那些把头伸在邻近者上方获得更多养分的品牌。你要让你的新品牌主导所在的品类。要这么做，你就要推动它的生长。

但是要有耐心，分化是需要时间的。人们对新的和不同的事物会心存疑虑。典型的反应是："我会等着看这个新概念是否会有价值。"你必须在推销品牌的同时推销品类。

卫星无线电缓慢起飞。市场领先者 XM 卫星无线电在两年多的大力促销后，注册用户只有 140 万。这听上去是很多人，但是这还不到美国在路上的 2 亿辆轿车的 1%。

此外，为招揽这 140 万注册用户，XM 卫星无线电第一年在广告上花了 1 亿美元，第二年花了 6 000 万美元。

他们应该把钱省下来，等待转折点的出现。应该主要利用公关技巧让品牌慢慢起飞，然后等到转折点出现时，马上推出大量的广告。

两个问题：可信度和传统

推出一个定义新品类的新品牌有两个问题。

第一个问题是可信度。新概念不可信，特别是当在广告中推出的时候。如果伟哥是通过广告运动推出，它可能一无所成。

广告就像垃圾信息。（事实上，垃圾信息是广告，虽然并非所有的广告都是垃圾信息。）广告的可信度很低。要有效果，就需要只有第三方才能提供的可信度。第三方可以是朋友、邻居、亲戚，特别是媒体。

这就是为什么推出新品牌时最有效的营销方案就是从公关开始。公关会推动口碑，从而为品牌建立可信度。品牌只有在获得一定的可信度之后，公司才能将资源花在广告上。

在可信度之后，第二个问题就是"传统"。人们想买"传统"的商品。换言之，人们想买其他人买的东西，通常他们不想被看成是非传统的。

当然，如果这个结论完全正确，那么要让一个新的概念发展起来就是不可能的。幸运的是，有一部分顾客认为他们是非传统的，他们不仅愿意，有时甚至渴望尝试新事物。

那么，推出新品牌的诀窍就在于和非传统人群建立联系，或被营销人员称为创新者或最先尝试者的人群。由于这个原因，这个过程需要时间。

一个新概念要登上传统阶梯是需要时间的。从底部的完全非传统上升到顶部的完全传统。

其他复杂的因素

每个人既是传统的，也是非传统的。就是说，人们可能穿着传统，但是愿意尝试街区中新开的餐馆。另一方面，愿意购买高科技产业提供的所有新玩意的电脑迷们，可能靠比萨、汉堡和激浪红色代码（Mountain Dew Code Red）过活。

年轻一代在这个过程中也起了作用。每代人通过反叛上一代人而建立自己的身份，这是很自然的事情。这种反叛通常体现在音乐、服饰、发型、食物和饮料的改变中。

很多品牌通过创造代表年轻一代的认知而建立起来，如宝马、Mini Cooper、百事可乐、激浪、红牛、Tommy Hilfiger、The Gap 和Abercrombie & Fitch。

突变的作用也不可忽视。那些希望自己的子女就是自己翻版的父母们总是会感到吃惊。突变和自然选择使得下一代不仅反叛而且不同。

推出新品牌包括解决几个问题。如何在一个先天缓慢的过程中迅速移动？如何为没有可信度的新品牌（以及新品类）建立可信度？

这两个问题都很复杂。处理这两个问题的最好方法就是叫做透露（leak）的公关战略。在品牌准备推出前，你就把有关新品牌的信息透露出去。概念越激进，酝酿期就越长。

打造品牌，特别是在新品类中打造品牌，并不容易。你可能有全世界最好的产品、最好的营销战略、最好的名字（代表新品类和新品牌），也可能有最好的资源。

但是如果你没能先进入预期顾客的心智，就无法成功。

那么如何进入心智

对大多数营销人员来说，传统答案是广告。我们雇用一家广告公司，制定广告预算，准备广告计划（最好是庞大的广播电视投放），播出广告片，推动营销策划。

然后坐等成果。在大多数例子中，结果都是大失所望。实际上，广告不是推出品牌的好方法。广告的角色和职能体现在品牌维护过程中，而不是在品牌打造的过程中。

现在已经是公关的时代，如今你要用公关而不是广告来打造品牌，而广告则担负第二角色。

事实上，像星巴克、沃尔玛、Palm、伟哥和红牛的品牌几乎都是没有依靠广告就建立起来的。

广告缺乏可信度，而可信度是打造品牌过程中的关键因素，只有公关能提供能让你的品牌进入顾客心智的可信度。

此外，广告人推行的大爆炸方式也不会奏效。你需要用公关缓慢蓄势。广告应该在品牌通过公关建立起来后维护品牌。

当你的品牌能制造新闻时，它就有了制造公关的机会。制造新闻最好的方法很简单：发布一个新品类，而不仅仅是一个新品牌。新闻媒体想谈论新的东西、第一的东西和热点的东西，因为他们肯定不想谈论更好的东西，因为这使得媒体看起来像是单个品牌的托。

另外，别人对你品牌的谈论比你自己的谈论更有力，这就是为什么公关通常比广告有力。

正因如此，20 年来，公关已取代了广告，成为打造品牌的最大的力量。

革命性的概念甚至更缓慢

概念越具革命性，它腾飞的速度就越慢。从这个意义上讲，长远潜力和短期增长是成反比的。

以金佰利–克拉克公司（Kimberly-Clark）在 2001 年 1 月推出的一个新产品为例。该公司的新闻称："它是自 1890 年卷纸出现以来最重要的品类创新。"

创新？"Cottonelle Fresh Rollwipes，美国第一个也是唯一一个一次性卷筒湿纸巾。"

在新闻发布会上，金佰利公司说美国卫生纸市场每年的销售额为48亿美元，他们预计Fresh Rollwipes第一年的销售至少达到1.5亿美元（只是3%的市场），6年后年销售额将达到5亿美元。

于是金佰利公司自信地以3 500万美元的广告活动推出了Fresh Rollwipes品牌，口号是"有时还是湿点好"。广告片的场景是人们背后水花四溅。

但是这个品牌的年销售额没有达到1.5亿美元，而只有其1/3。今天这个品牌就僵持在那里，金佰利公司的执行官说销售如此疲软，在财务上毫不重要。

"这不是推出新产品的最佳时机，"公司总裁兼首席运营执行官托马斯·福尔克（Thomas Falk）在一次和分析师的电话会议上说，"到目前为止，看来这个品类发展所需要的时间比我们原先预测的要长很多。"

Fresh Rollwipes是一个典型的例子，它具备长远潜力（48亿美元的市场），但是短期增长缓慢。有时你要相信你的新闻发布。

如果Fresh Rollwipes是"自1890年卷纸出现以来最重要的品类创新"，那么金佰利公司原本就应该期待品牌缓慢起步。此外，概念越具革命性，广告的作用就越小。

你不能简单地用公关替代广告

借助公关推出品牌和借助广告推出品牌是两件完全不同的事情。当你借助公关推出品牌时，你必须改变你做的每一件事。

忘掉广告知识并不容易。广告和营销在经理人的心智中是紧密关联的，以至于很多人不会考虑不用广告推出新品牌。

经理人也不会满足于推出中等广告规模。大爆炸思维在经理人的心智中根深蒂固，每一个品牌的推出都被描述成"我们曾经执行过的最大的广告项目"。

我们强烈建议所有的新品牌都只借助公关推出，这个推出过程包括 7 个步骤。

第一步：透露

新闻函和互联网是最好的出口。

媒体喜欢讲述将要发生的事情的内部报道，特别是当它是独家媒体时。换言之，就是抢先报道。

赛格威就是以这种方式推出的。几乎在正式推出前 11 个月，产品就已经被泄露给了 Inside.com 网站。这个新产品的代号为 Ginger，被描述为比互联网网站更重要。

11 个月后，赛格威在美国广播公司《早安美国》（*Good Morning America*）节目中正式发布，丹尼·索耶（Danie Sawyer）和查尔斯·吉布森（Charles Gibson）在节目中也夸奖了这个产品。自然 Segway 在所有的晚间新闻中露面，同时也出现在大多数的全国性报纸上。

如果你不把你的新产品或新服务的细节透露给媒体，你就大大浪费了资源。人们喜欢谈论什么？流言、闲话和内幕。媒体也是一样的。

广告恰好相反。广告策划通常像诺曼底登陆那样地大规模发动。广告通常会保守秘密，直到第一则广告播出。

第二步：缓慢蓄势

公关策划就像是鲜花开放那样缓慢。公司必须让公关策划有足够的时间来蓄势。这就是为什么公关通常是在新产品或新服务的细节最终敲定前几个月就开始启动。

大爆炸思维已经过时了。除非你有一个惊天动地的发明，否则你就要缓慢起步，并盼望有越来越多的媒体来报道。（如果你确实有惊天动地的发明，那么你可能根本就不需要公关。无论你做什么都可以。）

幸运的是，缓慢蓄势和大多数顾客接受新产品或新服务的方式是一致的。有一个新产品，你的朋友曾提到过，很快你就确信自己已经永远了解这个产品了。

广告则相反。广告策划通常是从在超级杯上播放广告开始的。

由于顾客会忽略广告信息，所以一项新的广告策划必须规模和胆子都足够大才能超越"噪声层面"。在美国最容易隐藏起来的东西就是价值百万美元的广告。如果你把 100 万分成小块投入很多不同的媒体上，你的信息就会消失在广告的黑洞中。

第三步：招纳盟友

当你能让别人帮你传递信息时，你为什么要单独行动？

公关策划的缓慢蓄势使得你有足够的时间为你的事业招纳盟友。此外，公关常常会吸引志愿者。

谁是你的天然盟友？"我的敌人的敌人是我的朋友。"当我们写《公关的崛起　广告的没落》一书时，我们问自己这本书的敌人是谁？

显然敌人就是广告业的大企业，它们控制了美国大部分广告支出。这些广告大企业的敌人会是谁呢？就是被这些广告大企业属下的公关子公司抢走生意的独立公关公司。

所以我们把书的前期稿件寄给了美国最大的 124 家独立公关公司，随后又寄上了媒体对这本书的评论。

这些信件得到了大量的反馈："我们会买书送给客户和预期顾客，我们将邀请你们到行业大会上作演讲，我们将给行业出版物的编辑写信，等等。"

广告则相反。广告策划要招纳盟友就很困难。有两个问题：时间和金钱。

以大爆炸方式推出品牌，常常没有足够的时间联合支持者。此外，广告联盟通常会在谁为哪个项目付钱的问题上产生分歧。

第四步：从低往高出场

你在会走路前必须先学会爬，在会跑步前必须先学会走路。媒体也是如此。你必须从小媒体开始，可能是在一则时事通讯中被提到，然后转移到行业出版物。然后从行业出版物这一级往梯子上方走，转移到一般商业出版物。最终你可能会看到你的新产品或新服务出现在全国广播公司晚间新闻（*NBC Nightly News*）里。

阶梯的每一级都为你的品牌增加可信度。如果你直接和 NBC 接触，你可能会立刻遭到拒绝，但是如果他们看到你的新产品或服务被《时代周刊》提到过，他们可能会打电话给你。

当你沿着媒体的阶梯往上走时，你的品牌就自己积蓄了动力。

广告则相反。广告策划很可能是从电视网络开始的。这又是一次以大爆炸方式推出并辅以"提醒式"广告的方式来打造品牌。

第五步：产品调整

在公关推出品牌的过程中，反馈是一个重要因素。通过在产品正式上市前发动公关活动，就有足够的时间在产品上市销售前对其进行调整。这是一个大优势。

广告则相反。一旦广告策划发动，公司就只能认命。反馈很少，在把产品推向顾客之前没有时间来调整产品或服务。

苹果公司推出世界上第一台掌上电脑牛顿掌上电脑（Newton Messagepad）时，在芝加哥消费电子展上召开了盛大的媒体发布会。

苹果公司在媒体发布会后展开了传统的大爆炸式广告运动，包括电视广告中一首使人接不上气的诗："牛顿是数码产品；牛顿是个人产品；牛顿是魔术；牛顿如同一张纸那样简单；牛顿有智慧；牛顿向你学习，能理解你；牛顿是新闻。"

由于牛顿掌上电脑的手写输入软件存在缺陷，这个产品遭到了负面批评。影响最大的是加里·特鲁多（Garry Trudeau）的卡通片

Doonsbury 整个星期都在嘲弄这个产品。"我在写测试句子"在牛顿掌上电脑中显示出来的是"泰国抵抗核岗哨"。

一位预期顾客在测试该产品时写下"我的名字是柯蒂斯"。《商业周刊》报道了这个事件，标题就是"我的挪威人 15 个批评家"，而这正是牛顿掌上电脑在测试中显示出来的信息。

太多的大肆宣传就是自找苦吃。你是在请求媒体挫你的锐气。更好的方法是更平缓地推出品牌，请你的朋友和盟友提出建议，然后调整产品以满足市场的需求。

Palm 电脑公司采用了牛顿掌上电脑的概念，并对其进行了简化。他们放弃了电信功能和精细的手写识别软件，而青睐一种个性化的叫做 Graffiti 的"all cap"系统。

和媒体打交道时，谦虚总会打败吹嘘。如果你请求建议和咨询，你就可能获得你能使用的大量概念。

第六步：信息调整

当你推出一个新产品时，你通常会发现你有一大堆特性可以放在你的品牌上。

你应该聚焦在哪个特性上？

这种问题可以在会议室里讨论上无数个小时。通常人们会避而不谈这个问题，结果品牌推出时就有好多特性（牛顿掌上电脑就是这样），或者做出一个错误的决定。因为公司最高决策层总是缺乏一定的客观性。

媒体能提供帮助。记者或编辑认为哪个特性最重要？毕竟媒体是从顾客的角度来看待新产品的。

他们的意见不仅会有帮助，而且可能对预期顾客非常有说服力。他们掌控者顾客的意见，你如果冒犯了他们就要承担风险。

沃尔沃花了数年时间投放广告说自己耐用。然而媒体喜欢沃尔沃轿车的安全性。他们撰文写沃尔沃发明了三点式安全带、可折叠方向盘支柱、前部和后部碰撞吸能区等。

沃尔沃最终抛弃了它的耐用诉求，转而为安全性能做广告。沃尔沃的销量突飞猛涨。

忘了聚焦小组。媒体能免费给你建议，为什么还要付费问顾客呢？此外，媒体会用故事来支持他们的观点，而这些故事会把你的概念植入顾客的心智中。

你应该违背媒体的建议吗？当然，但是当你这么做的时候，你最好有一个理由。

广告则相反。一旦开始执行，广告策划就定型了。想要在广告运动中改变战略和信息会很昂贵，并且尴尬。

第七步：软性推出

新产品策划的公关阶段应该有多长？这取决于很多因素。所以我们推荐"软性"推出。

新产品或新服务应该在公关策划执行之后才能推出。准备好后产品才能推出。换言之，是在媒体报道结束之后，不能太早，也不能太晚。

软性推出会打乱预算和公司的计划，它甚至可能会导致生产和分销的问题。

就是这样。在营销和生活中，时机就是一切。在恰当的时间用恰当公关推出恰当产品是不可阻挡的组合。

广告则相反。一个广告策划通常与产品的可获得性直接相关。产品开始销售的第一天，第一则广告就开播了。

大多数新品牌的广告运动都几乎计划以诺曼底登陆的方式展开，这一天，产品在广告的空中轰炸和地面的促销支持下登陆。

军事比喻在销售大会上能令演讲鼓舞人心，但在真实世界却缺乏灵活性。没有人能预测公关策划的进程，没人知道公关策划要花多少时间，也不会知道期间会发掘出哪些新的概念。

《纽约时报》上曾有人撰文说："最普通的假设是战争轰轰烈烈地开场。事实上，它们通常是以有限的空袭、秘密的边防调动和削弱敌人抵抗的攻心行动开场。"

营销战也应该这样开场。

THE ORIGIN OF BRANDS

定律 17

总　　结
Wrapping Things Up

分化前

分化后

　　一个公司骑一匹马可以跑上几年，然后品类分化了，一切都失控了。

　　一家公司历史上的关键事件发生的时间是当"主枝生长出分支"的时候。

　　分化创造机会，同时也带来问题。想用同一个品牌名涵盖两个分支的公司会处于极其危险的位置。

　　它们就像是马戏团表演者站立着同时骑两匹马。马术表演很精彩，但是如果每匹马奔向不同的方向，会发生什么情况？骑马的人和马会立即让公司解体。

　　在马戏团不会发生这样的事情，因为骑马的人能始终控制两匹马。在市场上，情况就不同了。处于泥泞的中间地带的公司会被分支的进化撕裂。

　　西部联盟公司就发生了这种情况。王安电脑公司、宝丽来公司、施乐公司和柯达公司也一样。

　　传统的营销并没有相关培训来处理这种情况。

营销的五大职能

　　经典的营销书会按序列出以下5大营销职能：

（1）定义市场。

（2）选择细分市场。

（3）设计诉求。

（4）从其他职能部门获得支持。

（5）监控表现。

看一下第一个职能，定义市场。让我们看看，有这么多市场，我们应该选哪一个？汽车、电池、啤酒、可乐、手机、洗涤剂等。显然，安海斯公司不会进入汽车业，通用汽车公司也不会进入啤酒业。

　　至少对一家既有公司来说，定义市场就是问问自己，我们从事的是什么业务。安海斯－布希从事的是啤酒业务，通用汽车从事的是汽车业务。

看看第二个职能，选择细分市场。这里，成功的公司已经在细分市场上定义了自己的品牌。布希是安海斯公司的低价啤酒，百威是它的常规啤酒，米克劳是高价啤酒。通用汽车也早已有了相同的细分市场，从低端的土星到高端的凯迪拉克。

另外三个职能（诉求、支持和监控）实际上就是"微调"营销策划。

传统营销是不够的

市场营销的 5 个职能可能是维护品牌的方法，但它们显然不是打造品牌的方法。

红牛不是靠追逐能量饮料市场而成为大品牌的。不存在能量饮料市场。红牛之所以是大品牌，因为它开创了新市场并为这个市场贴上"能量饮料"的标签。

金霸王不是靠追逐碱性电池市场而成为大品牌的，不存在碱性电池市场。金霸王之所以成为大品牌，是因为它开创了新市场并为这个市场贴上"碱性电池"的标签。

那么这些新市场是如何开创的呢？通过既有市场的分化。能量棒 / 能量饮料。碳锌电池到碱性电池。

大多数打造品牌成功的故事都会显示出最核心的要素，就是创建一个新品类或新市场。它们聚焦于一家公司所做的一切令人激动的事情来制造对品牌的兴趣。

比如说耐克。为什么耐克会成功？如果你相信报纸上的报道，那么耐克成功的原因是聘请迈克尔·乔丹作为品牌代言人并在"Just Do It"的广告策划上投入了数百万美元。

雷神（Raytheon）公司也聘请了乔丹。他们同样也花了一大笔钱为可充电电池做广告。如今雷神在哪儿呢？它非常需要充电。

无论谁来写耐克这样的营销成功的案例，都会遗漏第一章"品牌首先是如何打造的"。如果你深入挖掘品牌在推出之前的情况，那么你就能发现同样的答案。品牌的成功归功于公司开创新品类的能力。

在耐克品牌崛起之前，美国的年轻人穿胶底帆布鞋倾向于买 Keds 品牌。耐克所做的是开创了一个新品类"运动员鞋"，然后主导了这个新生品类。

跟上竞争对手还不够

Keds 品牌的所有方优耐陆（Uniroyal）公司是如何应对耐克的崛起的呢？他们推出了 Super Keds 品牌。

碳锌电池的领先品牌永备（Eveready）是如何应对金霸王的崛起的呢？他们推出了永备碱性电池。

伏特加的领先品牌斯米诺（Smirnoff）是如何应对绝对超高级伏特加的成功的呢？他们推出了斯米诺黑牌伏特加（Smirnoff Black）。

杜松子酒的领先品牌添加利是如何应对绝对和苏红（Stolichnaya）等伏特加品牌的成功的？他们推出了添加利伏特加。

运动饮料的领先品牌佳得乐是如何应对 PowerBar 和 Balance 那样的能量棒品牌的成功的？他们推出了佳得乐能量条。

你可能知道，像佳得乐能量条、添加利伏特加、斯米诺黑牌伏特加、永备碱性电池和 Super Keds 那样的延伸品牌没有多大成果。是什么导致这些公司犯下这些典型的营销错误？

很多经理人信奉的信条是：市场营销是品牌之间的战争。我的品牌针对你的品牌。

所以，典型的品牌所有者会在广告、展示、促销和销售上投入可观的一笔钱来超越对手。也许更好的品牌会胜出。

让顾客满意还不够

当前的重点是让顾客满意。公司们在客户关系管理软件上投入了数十亿美元。（客户关系管理软件市场的领导者西贝尔系统公司在2001～2003年的收入创下55亿美元的纪录。）

营销经理人也不缺乏针对这个主题的专业意见。亚马逊上列出了2 634本关于顾客满意的书，比如罗恩·泽姆克（Ron Zemke）和克里斯汀·安德森（Kristin Anderson）写的《提供令人吃惊的服务》（*Delivering Knock Your Socks Off Service*）以及杰弗里·吉特默（Jeffrey Gitomer）写的《顾客满意没有价值，顾客忠诚度无价：如何让顾客喜欢你，如何让他们再次光顾并且告诉他们认识的所有人》（*Customer Satisfaction Is Worthless, Customer Loyalty Is Priceless: How to Make Customers Love You, Keep Them Coming Back and Tell Everyone They Know*）。

"强迫自己让顾客满意"是汤姆·彼得斯（Tom Peters）的建议，但他没有谈到如何先得到顾客。

此外，成千上万的公司和品牌处于危险之中。如果你拥有凯马特品牌、宝丽来品牌、皇冠品牌、舒立兹品牌，你该如何？强迫自己让顾客满意？我们不这么认为。品牌也有残疾。

提升顾客的满意度并没有错，但是这只说了一半。每个品牌应该通过不断改变和改进来进化。

甚至进化也不够

进化是达尔文的第一条革命性观念，这个观念获得了所有的注意力。他的第二条观念分化却被忽视了。品牌无法进化，除非它是第一个被创建的。

先分化再进化是自然界事物的发展规律。在打造品牌时也是一样的。公司需要在如何第一个创建品牌上投入更多的注意力。如果你正确地做了品牌创建工作，你就能建立一个别人无法超越的品牌地位。

在可以预见的未来，某个竞争品牌会代替戴尔、红牛、星巴克或《华尔街日报》吗？分化创建了这些品牌，进化使得它们保持领先。

品牌有生有死。品牌不会因为没能让顾客满意而死亡，品牌因为所处的品类灭亡而死亡。王安（文字处理机）和宝丽来（即时成像）就是两个例子。

从长远来看，除非用围绕新品类创建的新品牌来替换过时的品牌和垂死的品牌，否则公司就会死亡。公司除了在客户关系管理软件上投资，还应该在品类替代管理系统上投资。

分化是关键

创建新品牌机会的最大的单一来源就是分化。但是和自然界不同，品类不会随环境条件的变化而分化。（想想顾客。）品类随着公司推出分化概念的新品牌而分化。

时机很重要。你可能不想（通过新品牌）推出一个新品类，因为这会使你的原有品类过时。但是如果你坐等竞争对手抢先推出新品类，那么从长远看你会失败。第一者生存。

甚至像苹果公司的麦金塔那样非常棒的产品也一直是个补缺产品，因为它不是第一。

不像自然界，在营销界公司有第二次机会。如果你不是第一，还可能通过成为领先品牌的对立面而建立一个强大的第二品牌。

戴尔在个人电脑竞赛中来迟了。其他品牌都是通过分销渠道销售，主要是零售店。所以戴尔反其道而行，戴尔直销，先是通过电话，现在是通过互联网。第二者生存。

顾客买的是品类，而不是品牌

谈了这么多关于品牌和打造品牌的内容，真理就是，顾客买的是品类而不是品牌。品牌名是品类所代表的特性的缩写。

要买一辆有"声望"的汽车的人通常会买奔驰。说"我开奔驰"比说"我开一辆有声望的汽车"要更简单、更迅速，心理上也更满足。

奔驰失去有声望的轿车这个含义的一天就是奔驰品牌失去其大部分价值的那一天。

顾客使用品牌名来代替品类名的最好证据就是品牌名成为通用名称日益明显的趋势：舒洁、施乐、思高胶带、可口、杰利奥、Rollerablade、Palm 电脑。

很多营销专家警告说必须用 © 保护品牌，并用其他技术来防止品牌变成通用名。危险被过分夸大了。

有多少"通用名"商标落败了

很好。

阿司匹林曾经是拜尔公司的一个商标，它通常被引述为"一个陷入通用名陷阱的品牌"。德国在第一次世界大战中战败后，根据 1919 年《凡尔赛条约》，拜尔公司被迫放弃阿司匹林商标。（盟军应该要求戴姆勒 – 奔驰品牌。）

拥有一个被通用使用的品牌是一个巨大的营销优势。像舒洁这样的通用名品牌就特别强大，只要纸巾市场存在，它将几乎肯定不会失去领先地位。

"成为通用名称"在顾客心智中到底意味着什么？

如果你查词典，你会发现很多词有次要含义。如可口（coke），意思是可卡因、可口可乐，或在无空气条件下燃烧的碳。

当品牌成为通用名时，相同的事情发生了。实际上顾客在心智中会把两种含义关联在同一个词上。

换句话说，顾客把舒洁作为品类名使用，也把舒洁看作品牌。舒洁这个词在顾客心智中代表两个不同的东西。

这就是为什么成为通用名的品牌通常不会失去其品牌的力量。舒洁主导了纸巾品类。思高胶带主导了透明胶带品类。杰利奥果冻主导了凝胶甜品品类。

领先品牌的战略

如果你有幸拥有了一个品类中强大的领先品牌（维萨、百威、可口可乐等），而品类表现出很少的进化或没有进化，那么你的生活就是甜蜜的。

富有的人越来越富，贫穷的人越来越穷。你不仅不可能失去领先地位，而且很有机会扩大你对第二品牌的领先优势。

大多数公司没那么幸运。大多数公司就像森林中的矮树。比它们更大、更强、更高的竞争对手会阻挡阳光，使得它们难以成长。

跟风品牌的战略

这类公司不应该追求几乎没有希望成功的品牌战略，而是应该忘了品牌，思考品类。

"我们如何发明一个新品类？然后给那个新品类取一个新品牌名？"这个战略会使你的公司脱离领先品牌的阴影，转移到开放地带。这或许是小公司赢得大成绩的唯一机会。

电动牙刷在市场上已经几十年了，但是大多数品牌要售 50 美元甚至更贵。于是约翰·奥舍（John Osher）和另外 3 位克利夫兰地区的创

业家开发了使用电池的电动牙刷，售价只要 5 美元。这个产品叫做炫洁（SpinBrush），在 1998 年推出。

两年后，炫洁以 4.75 亿美元出售给了宝洁公司，这对 150 万美元的总投资来说是个大回报了。

每一个品类无一例外地会最终分化

没有一个品牌能涵盖所有分化中的分支，特别是在面对专家竞争对手时。

我们目睹了 IBM 在个人电脑领域败给了戴尔和康柏，在个人电脑操作系统领域败给了微软，在个人电脑微处理器领域败给了英特尔，在笔记本电脑领域败给了东芝。

在自然界，分支很少会融合。在市场上，分支（或品类）有时会融合，但是当便利性是主要因素的时候，融合会发生。洗发水和护发素组合，便利店和加油站组合，照相机和手机组合都是这样的例子。

融合有时候意味着方便，但是它总是意味着妥协。这就是为什么融合在打造品牌的竞争中一直是个小角色。

最难以理解的一件事就是市场动力学。为什么有的公司会赢，而其他公司会输？为什么有的顾客会青睐某个品牌，而其他顾客青睐其他品牌？为什么品牌今天很热门，而第二天就冷下来？

达尔文提供的理论性概念，有助于理解市场动力学。自然规律同样适用于品牌和品类。

品牌进化，品类分化

品牌如果处理得当，它就能随着时间进化而变得更强大，主导性也更强，但是总存在分化的危险。

想要涵盖一个分化品类的方方面面的品牌几乎肯定会失去主导地位。更好的战略是定期修剪品牌，这样它在顾客心智中就一直代表一个单一的概念。

然而，从长远看，品牌维护是失败者做的事情。除非公司有勇气推出新品牌去利用分化产生的新品类的优势，否则这个公司就没有未来。

进化是一股强大的力量，但是仅进化本身无法解释超市、药店、服饰店、鞋店、折扣店和便利店中存在的数十万个品牌。

高科技品牌、低科技品牌，昂贵品牌、低价品牌，现代品牌、传统品牌，成人品牌、儿童品牌，城市品牌、乡村品牌，全球品牌、本土品牌，女性品牌、男性品牌，消费品牌、专业品牌。

分化创造出令人难以置信的多种多样的品牌。从一棵树上将会有很多主枝长出来，从每个主枝上，很多分支会长出来，这个过程不会停止。我们今天看到的只是未来必定会登场的很多非凡的新产品和新服务中的少数例子。

从这个角度看品牌会很壮观，在几股力量的作用下，最初品牌只有少数的形式甚至只有一种形式，随着这个星球按照万有引力定律不断旋转，就从如此简单的开始发展处有史以来最美丽、最壮观的无穷无尽的品牌，并且这些品牌在不断进化。

一生二，二生三，三生万物。

附录 A 定位思想应用

定位思想
正在以下组织或品牌中得到运用

•长城汽车：品类聚焦打造全球盈利能力最强车企

以皮卡起家的长城汽车决定投入巨资进入现有市场更大的轿车市场，并于 2007 年推出首款轿车产品，市场反响冷淡，企业销售收入、利润双双下滑。2008 年，在定位理论的帮助下，通过研究各个品类的未来趋势与机会，长城确定了聚焦 SUV 的战略，新战略驱动长城重获竞争力，哈弗战胜日韩品牌，重新夺回中国市场 SUV 冠军宝座。2011 年至今，长城更是逆市增长，SUV 产品供不应求，销售增速及利润高居自主车企之首，利润率超过保时捷位居全球第一，连续三年成为全球盈利能力最强的车企。2009 年导入聚焦战略不到 5 年里，长城汽车股票市值增长超过 80 倍。

•老板：定位"大吸力"，摆脱长期拉锯战，油烟机市场一枝独秀

长期以来厨房家电中的两大品牌——老板与方太——之间的竞争呈现胶着状态，双方仅有零点几个百分点的差距。2012 年开始，老板进一步收缩业务焦点，聚焦"吸油烟机"，强化"大吸力"。根据中怡康零售监测数据显示，2013 年老板电器在吸油烟机市场的零售量和零售额份额同时卫冕。同时，由于企业聚焦的"光环效应"带动，老板灶具的销售额与销售量也双双夺冠，首次全面超越华帝灶具。2014 年第一季度，老板吸油烟机零售量市场份额达到 36.02%，领先第二名 15.67%；零售额市场份额达到 23.30%，领先第二名 17.31%。

- **新杰克缝纫机：聚焦"服务"与中小企业，缔造全球工业缝纫机领导品牌**

在经历连续三年下滑后，昔日工业缝纫机出口巨头杰克公司启动新的聚焦战略，进一步明确了"聚焦中档机型、聚焦中小服装企业客户、聚焦服务"的战略方向。在推动实施新战略后，新杰克公司 2013 年销售大幅上涨。当年工业缝纫机行业整体较上一年上涨 10% ~ 15%，而杰克公司上涨 110%。新战略推动杰克品牌重回全球工业缝纫机领导品牌的位置，杰克公司成为全球最大的工业缝纫机企业。

- **真功夫：新定位缔造中式快餐领导者**

以蒸饭起家的中式快餐品牌真功夫在进入北京、上海等地之后逐渐陷入发展瓶颈，问题店增加，增长乏力。在定位理论的帮助下，通过研究快餐品类分化趋势，真功夫厘清了自身最佳战略机会，聚焦于米饭快餐，成立"米饭大学"，打造"排骨饭"为代表品项，并以"快速"为定位指导内部运营以及店面选址。新战略使真功夫重获竞争力，拉开与竞争对手的差距，进一步巩固了中式快餐领导者的地位。

……

红云红河集团、鲁花花生油、芙蓉王香烟、长寿花玉米油、今麦郎方便面、白象方便面、爱玛电动车、王老吉凉茶、桃李面包、惠泉啤酒、燕京啤酒、美的电器、方太厨电、创维电器、九阳豆浆机、乌江涪陵榨菜……

- **"棒！约翰"：以小击大，痛击必胜客**

《华尔街日报》说"谁说小人物不能打败大人物"时，就是指"棒！约翰"以小击大，痛击必胜客的故事。里斯和特劳特帮助它把自己定位成一个聚焦原料的公司——更好的原料、更好的比萨，此举使"棒！约翰"在美国已成为公认最成功的比萨店之一。

- **IBM：成功转型，走出困境**

IBM 公司 1993 年巨亏 160 亿美元，里斯和特劳特先生将 IBM 品牌重新定位为"集成计算机服务商"，这一战略使得 IBM 成功转型，走出困境，2001 年的净利润高达 77 亿美元。

• 莲花公司：绝处逢生

莲花公司面临绝境，里斯和特劳特将它重新定位为"群组软件"，用来解决联网电脑上的同步运算。此举使莲花公司重获生机，并凭此赢得 IBM 的青睐，以高达 35 亿美元的价格售出。

• 西南航空：超越三强

针对美国航空的多级舱位和多重定价的竞争，里斯和特劳特将它重新定位为"单一舱级"的航空品牌，此举帮助西南航空从一大堆跟随者中脱颖而出，1997 年起连续五年被《财富》杂志评为"美国最值得尊敬的公司"。

......

惠普、宝洁、通用电气、苹果、汉堡王、美林、默克、雀巢、施乐、百事、宜家等《财富》500 强企业，"棒！约翰"、莲花公司、泽西联合银行、Repsol 石油、ECO 饮用水、七喜……

附录 B　企业家感言

经过这些年的发展，我的体会是：越是在艰苦的时候，越能看到品类聚焦的作用。长城汽车坚持走"通过打造品类优势提升品牌优势"之路，至少在 5 年内不会增加产品种类。

——长城汽车股份有限公司董事长　魏建军

在与里斯中国公司的多年合作中，我最大的感受是企业在不断矫正自己的战略定位、聚焦再聚焦，真的是一场持久战。

一长城汽车股份有限公司总裁　王凤英

我对定位理论并不陌生，本人经营企业多年，一直在有意识与无意识地应用定位、聚焦这些法则。通过这次系统学习，不但我自己得到了一次升华，而且更坚定了以后经营企业要运用品类战略理论，提升心智份额，提高市场份额。

——王老吉大健康产业总经理　徐文流

没听课程之前，以为品类课程和定位课程差不多，听了课程以后，发现还是有很大的不同。品类战略的方法和步骤更清晰、更容易应用。听了品类战略的课才知道怎么在企业里落实定位。

——杰克控股集团有限公司总裁　阮积祥

听完课后，困扰我多年没有想通的问题得到了解决，品类战略对我帮助真的非常大！

——西贝餐饮集团董事长　贾国龙

我读过很多国外营销、战略类图书，国内专家的书，我认为只有《品类战略》这本书的内容最值得推荐，因此，我推荐 360 公司的每位同事都要读。

——奇虎 360 公司董事长　周鸿祎

通过学习，我认识到：聚焦，打造超级单品的重要性，通过打造超级单品来提升企业的品牌力。品类战略是企业系统工程，能使企业从外而内各个环节相配称。

——今麦郎日清食品有限公司董事长　范现国

学习了品类战略之后，我对心智当中品类划分更清楚了，回去对产品就做了调整，取得了很好的效果，就这一点就值得500万元的咨询费。

——安徽宣酒集团董事长　李健

我很早就读过《定位》，主要的收获在观念上，在读了《品类战略》之后，我感觉这个理论是真正具备系统的操作性的。我相信（品类战略）这个方法是革命性的，它对创维集团的影响将在未来逐步显现出来。

——创维集团副总裁　杨东文

对于定位理论的理解，当时里斯中国公司的张云先生告诉我们一句话，一个企业不要考虑你要做什么，要考虑不要做什么。其实我理解定位，更多的是要放弃，放弃没有能力做到的，把精力集中到能够做到的地方，这样才有可能在有限的平台当中用你更多的资源去集中，做到相对竞争力的最大化。

——家有购物集团有限公司董事长　孔炯

我听过很多营销课，包括全球很多大公司的实战营销、品牌课程。里斯的品类战略是我近十年来听到的最好的营销课程！南孚聚焦战略的成功经验，是花了一亿多元的代价换回来的。所以，关于聚焦，我特别有共鸣。

——南孚电池营销总裁　刘荣海

我们非常欣赏和赞同里斯品类战略的思想，我们向每一个客户推荐里斯先生的《品牌的起源》，了解品类战略。我们也是按照品类战略的思想来选择投资的企业。

——今日资本总裁　徐新

这是一个少即是多、多即是少的时代，懂得舍弃，才有专一，只有占据人们心智中的"小格子"，才终成唯一。把一切不能让你成为第一的东西统统丢掉，秉怀这种魄力，抵抗内心的贪婪，忍痛割爱到达极致，专心做好一件事，才有可能开创一个品类，引领一个品牌，终获成功。

——猫人国际董事长　游林

经过 30 年的市场经济发展，现在我们回过头来再来看《品类战略》。一方面，它是对过去的提炼与总结；另一方面，它让我们更多地了解到我们的中国制造怎样才能变成中国创造。

——皇明集团董事长　黄鸣

接触了定位理论，对我触动很大，尤其是里斯先生的无私，把这么好的观念无私地奉献给企业。

——滇红集团董事长　王天权

三天的学习，最大的收获是：用聚焦思考定位，做企业就是做品牌大树，而不是品牌大伞或灌木。还有一个重要的启示是：战略由决策层领导制定。

——公牛集团董事长　阮立平

好多年前我就看过有关定位的书，这次与我们各个事业部的总经理一起来学习，让自己对定位的理念更清晰，理解更深刻，对立白集团的战略和各个品牌的定位明朗了很多。

——立白集团总裁　陈凯旋

消费者"心智"之真，企业、品牌"定位"之初，始于"品牌素养"之悟！

——乌江榨菜集团董事长兼总经理　周斌全

品类战略是对定位理论的发展，抓住了根本，更有实用性！很好，收获很大！

——白象食品股份有限公司执行总裁　杨冬云

课程前，我已对里斯品类战略进行了学习，并在企业中经营实践。这次学习的收获是：企业应该聚焦一个行业，甚至聚焦某一细分品类去突破。把有限的资源投入到别人的弱项以及自己的强项上去，这样才能解决竞争问题。

——莱克电气股份有限公司董事长　倪祖根

战略定位，简而不单，心智导师，品牌摇篮。我会带着定位的理念回到我们公司进一步消化，希望定位理论能够帮助我们公司发展。

——IBM（中国）公司合伙人　夏志红

定位思想最大的特点就是观点鲜明，直指问题核心，绝不同于学院派的观点。

——北药集团董事长　卫华诚

心智为王，归纳了我们品牌成长14年的历程，这是极强的共鸣；心智战略，指明了所有企业发展的正确方向，这是我们中国的福音；心智定位，对企业领导者提出了更高的要求，知识性企业的时代来临了。

——漫步者科技股份公司董事长　张文东